D1728689

singular

IGNACIO RAMONET
LA ERA DEL CONSPIRACIONISMO

Trump, el culto a la mentira
y el asalto al Capitolio

argentina
siglo xxi editores
www.sigloxxieditores.com.ar
capital intelectual
www.editorialcapitalintelectual.com.ar
guatemala 4824, c1425bup, buenos aires

méxico
siglo xxi editores
www.sigloxxieditores.com.mx
cerro del agua 248, romero de terreros, 04310, ciudad de méxico

españa
clave intelectual
www.claveintelectual.com
calle recaredo 3 - 28002, madrid

Diseño de cubierta: Pablo Font

Primera edición: octubre de 2022

ISBN: 978-84-126048-2-5
Depósito legal: M-25588-2022

Impresión: Imprenta Kadmos
Impreso en España. *Printed in Spain.*

Índice

A Sandra

El pensamiento moderno, acaso desde que Kant se planteó la pregunta "was ist Aufklärung?", aborda cierta tarea que había ignorado o no existía antes, que es intentar responder a la pregunta "¿qué es la actualidad?". O sea, trata de interrogarse sobre qué es el presente.

Michel Foucault

Prólogo

"¡No puede ser, coño! –gritó Margareth con exasperación– ¿Hasta dónde llegarán estos hijoputas con sus asquerosos embustes?". Rubia, treintañera, gordita, de ojos verdes inteligentes, Margareth no daba crédito a lo que estaba viendo en su viejo televisor... Era poco antes del mediodía del miércoles 20 de enero de 2021. En su deslucida casa de madera, en la mustia periferia de Columbiana County, Ohio, Margareth le sacó una foto a la pantalla y se la envió a sus contactos en Telegram. Las imágenes mostraban en primer plano, en Washington, al pie del Capitolio, aparentemente en vivo y en directo, a Joe Biden, o por lo menos a alguien muy parecido a él (¿un doble?), sin mascarilla anticovid, con la mano derecha alzada y la izquierda sobre una ajada y voluminosa Biblia, mientras juraba el cargo de presidente de los Estados Unidos de América. Parecía ser Biden. Incluso su voz era idéntica. Algo muy raro sucedía. "Ese puto cabrón llamado Biden no puede ser presidente... ¡Coño! –gritaba Margareth–. Pero, joder, ¿es que no han visto los videos donde se evidencia su inmunda pedofilia, donde acaricia a las niñas con clara intención sexual? Incluso en un evento, una señora disgustada corre y separa a su niña de las caricias repugnantes de ese enfermo sexual patológico. ¿Puede acaso el país más poderoso del mundo ser presidido por un vicioso pedófilo y viejo enfermo sexual? Joooder, es increíble".

Margareth había puesto la calefacción al máximo. Vestida con unos *minishorts* de jeans color celeste y con un crop top underboob blanco que dejaba asomar la mitad inferior de los senos, encendió otro porro mientras escuchaba a todo volumen *Cat scratch fever* de Ted Nugent. Se sentía perpleja. Confundida. Se dejó caer en una silla desvencijada delante de su escritorio y abrió de un arrebato su magullada *laptop*.

O una cosa u otra, pensó. O lo que mostraba la televisión era, una vez más, un fulero montaje como las patrañas que solían difundir esos satanistas depravados del "Estado profundo" que controlan Washington, o entonces Biden había sido liberado de prisión por sus cómplices de la gran estafa electoral y sus secuaces pederastas. A Margareth, el odio la desbordaba. Le dieron ganas de vomitar. Se tomó un segundo Prozac con el resto de Jack Daniels. Necesitaba calmarse. "¡Nada detiene a esos cabrones de mierda! ¡Tendríamos que haberlo incendiado, ese puñetero Capitolio…! ¡Cortar por lo sano, coño! ¡Liquidar a esa bruja de Nancy Pelosi! ¡Colgar a ese puto traidor de Pence! ¡Cabronazo!".

De lo que no había duda –o por lo menos así se lo habían explicado a ella en el canal de QAnon en Telegram, y se lo habían confirmado, en las redes, todas sus amistades a través de las mensajerías habituales: Parler, Gab, Discord, MeWe, Zello– es de que, la tarde anterior, Joe Biden había sido arrestado "por posesión de pornografía infantil", y había pasado la noche confinado en una cárcel local. Además, en la web thedonald.win y en el sitio canadiense Conservative Beaver le aseguraron que, de todos modos, los militares patriotas se pronunciarían de un momento a otro y suspenderían la falaz ceremonia de juramentación. A la espera de que el legítimo vencedor de la elección, Donald Trump, fuese restablecido en el cargo.

Sin perder de vista el televisor y consultando, frenética, diversas redes en la pantalla de su teléfono, Margareth gritó en voz alta: "¡Pues que así sea, joder, que *Big Don* aparezca ya, cojones, que declare la puta ley marcial en todo el puñetero país, hostias! ¡Que se folle ya a esta cachoperra 'democracia' falseada por esos maricozos amos del mundo! ¡Que ordene por fin, de una maldita vez, el arresto masivo de esos cabronazos demócratas, la puta que los parió!". Esa "limpieza" se había vuelto vital, según ella, para Estados Unidos. Una obligatoria "desinfección" que QAnon había prometido tantas veces y a la que Margareth, como todos sus amigos de las redes, llamaba *the storm*, la tempestad purificadora.[1]

Introducción

Margareth es una invención narrativa nuestra. Todo lo demás, no. No es ficción.[2] Aquella mañana del 20 de enero de 2021, millones de estadounidenses –en particular quienes habían participado, el 6 de enero precedente, en el asalto al Capitolio– estaban convencidos de que Joe Biden había sido detenido la víspera por la policía, acusado de pedofilia[3] y encarcelado. Pensaban que la ceremonia de juramentación del nuevo presidente no tendría lugar.[4] Sus redes, sus mensajerías, sus chats, sus sitios web, sus amigos de las plataformas habían difundido esa "información" con toda clase de detalles. Desde hacía cuatro años, en sus ráfagas de mensajes vía Twitter, el propio presidente republicano Donald Trump –a quien sus seguidores llaman cariñosamente *Big Don*– había difamado y desacreditado a los medios de masas más importantes tratándolos de "mentirosos", incluso de "enemigos del pueblo". Mientras él mismo nutría el imaginario de sus fans con estudiadas narrativas complotistas difundidas a través de sus redes sociales.

Trump, maestro del relato

Altanero, megalómano y vanidoso, el "triunfador republicano" jamás imaginó que podría perder la elección presidencial del 3 de noviembre de 2020. Cuando eso se produjo, el choque psicológico fue brutal. No lo admitió. Se negó a aceptar la realidad. Y, como lo había hecho con otros temas, prefirió seguir creyendo sus propias mentiras. Pensó que también esta vez acabaría por imponer una *fake news* en lugar de la verdad. En sus redes sociales empezó a alimentar a sus entonces ciento cincuenta y tres millones de seguidores[5] con relatos y narraciones de un latrocinio electoral.

Los fanáticos de Trump se dejaron llevar por la desinformación y se lanzaron a la conquista del Capitolio, uno de los lugares más sagrados de la democracia estadounidense. Todos creían en teorías conspirativas. Sin evidencias de ningún tipo, adherían a la tesis de la gran estafa en las urnas. Durante años, Trump había repetido que si alguna vez los medios hegemónicos anunciaban que él había perdido unas elecciones, sería porque sus adversarios habían hecho trampa contra él. Y que, en ese caso, los comicios no podían ser legítimos. Cuando al final fue derrotado, no dudó en difundir toda clase de elucubraciones para crear, en la mente de sus partidarios, una percepción de fraude masivo. En incontables ocasiones reiteró que los resultados habían sido adulterados. Falsamente afirmó y repitió haber ganado. Incluso le dio gracias a Dios por haberle concedido la "gloriosa victoria" que se merecía. La mayoría de sus partidarios le creyeron. Según una encuesta del canal NBC realizada una semana después del asalto al Capitolio, el 91% de los votantes de Trump hubiese votado de nuevo por él. Y el 67% de todos los republicanos mantuvieron que, en efecto, había existido fraude electoral.[6] Un año después, en enero de 2022, otra encuesta de la Universidad de Massachusetts situó en 71%, o sea, cuatro puntos más, el porcentaje de republicanos que se declaraban convencidos de que la elección había sido falseada, lo que representa alrededor del 33% de la población estadounidense en general.[7] Todas las encuestas de opinión indican, más de un año después de los hechos, que una abrumadora mayoría de votantes autoidentificados como republicanos sostienen –a pesar de la abundante evidencia que demuestra lo contrario– que las elecciones presidenciales de 2020 fueron fraudulentas, y que el presidente Joe Biden fue elegido de manera ilegítima.

Por eso es tan importante estudiar ese caótico asalto al Capitolio, un evento clave para el porvenir de la democracia no solo en Estados Unidos. El episodio trágico del 6 de enero de 2021 constituye el testimonio más impresionante de lo enfermo que está, a escala planetaria, el sistema democrático.[8] A sus incondicionales, Trump les exhortó a que se mantuvieran preparados para un día "salvaje" en el que pudieran protestar por unos comicios que –según su permanente embuste– le habían sido "hurtados": "Nos han robado la elección –declaró en su discurso del 6 de enero de 2021, horas antes del asalto al Capitolio–. Fue una elección que ganamos con diferencia, y todos lo saben, sobre todo nuestros adversarios. [...] Es un momento muy duro. No ha habido otro momento en el que haya podido suceder algo así: que puedan arrebatarnos [una victoria] a vosotros, a mí, a todos, mediante una elección fraudulenta".[9] Abiertamente, el magnate republicano fomentó todo un clímax de protesta, de furia, de insurrección.

Y cuando el asalto se produjo, Trump decidió voluntariamente no hacer nada para calmar a sus fanáticos. Durante los ciento ochenta y siete minutos que duró el ataque, se quedó en una sala de la Casa Blanca contemplando, en el canal Fox News, las imágenes de los violentos enfrentamientos del Capitolio.

En el Congreso estadounidense, una Comisión bipartidista, compuesta por siete demócratas y dos republicanos, miembros de la Cámara de Representantes, ha investigado ese ataque al templo de la democracia estadounidense. Varios testigos, convocados por esa Comisión, recordaron la decisiva reunión entre Trump y algunos de sus asesores, celebrada unas semanas antes del asalto, el 18 de diciembre de 2020, en la Casa Blanca. Duró más de seis horas. Terminó pasada la medianoche. Y acabó a los gritos. Los participantes casi llegaron a los golpes.

Se enfrentaron tres asesores externos defensores de la tesis del fraude: Sidney Powell, una abogada que defendía teorías conspirativas sobre un supuesto "complot venezolano chavista" para manipular las máquinas de votación; Patrick Byrne, un adepto de la teoría complotista del *Deep State*, y exdirector ejecutivo de una empresa de venta en línea Overstock.com; y Michael T. Flynn, un general retirado al que expulsaron en 2014 del cargo de director de la Agencia de Inteligencia de la Defensa (DIA), que fue nombrado consejero de Seguridad Nacional con Trump y tuvo que dimitir en 2017 por su implicación en la "trama rusa" –la teoría de que el magnate republicano se conjuró con el Kremlin para manipular las elecciones que ganó en 2016– y porque mintió demasiado incluso para los criterios de la administración Trump. Hoy Flynn es todo un referente en los círculos conspiranoicos de extrema derecha y de QAnon por su defensa de teorías abracadabrantes, como que el coronavirus se inventó para inocular en el cuerpo microchips diseñados para manipular a la gente; que las élites progresistas raptan menores para extraerles la sangre y obtener una sustancia llamada adrenocromo con su supuesta promesa de rejuvenecimiento; o el cuento del *Italygate*, según el cual el satélite espacial italiano Leonardo habría transferido votos de Donald Trump a Joe Biden para darle a este el triunfo en 2020.[10] En su testimonio ante la Comisión, Sidney Powell describió a Trump como "muy interesado en escuchar" lo que ella y sus dos compañeros le revelaron. Algo que, según ella, "aparentemente nadie más se había molestado en informarle". O sea, que los demócratas se estaban beneficiando de un fraude electoral masivo organizado por los amigos de Hugo Chávez.

También estaban presentes en esa reunión otros tres asesores oficiales: los abogados Pat A. Cipollone y Eric Herschmann, y Derek Lyons, secretario de la Casa Blanca. Todos ellos se opusieron con determinación a esas tesis y advirtieron al presidente que las afirmaciones de que las elecciones habían sido robadas carecían de fundamento.

Trump acabó por rechazar la propuesta de los asesores externos y optó por una solución más radical: la invasión del

Capitolio. De tal modo que, a la mañana siguiente, el 19 de diciembre, lanzó un llamado en Twitter movilizando a sus partidarios para que acudiesen en masa a Washington el 6 de enero, día en que el Congreso debía certificar los resultados del Colegio Electoral. Ahí fue cuando Trump escribió aquello de "¡Vengan! ¡Estar allí será salvaje!". Para los fanáticos del magnate republicano, ese tuit funcionó como un incentivo a la insurrección y a las armas. Con base en numerosas grabaciones de video y de audio, la Comisión demostró cómo decenas de animadores de programas radiales de extrema derecha, personalidades conservadoras e influenciadores de las redes sociales retomaron y repercutieron ese llamado convocando al gran mitin del 6 de enero. Algunos incluso ya hablaron entonces de un eventual "ataque" al Capitolio.

Uno de los testimonios que mayor impacto causó fue el de Cassidy Hutchinson, una universitaria republicana de 22 años que trabajaba en la oficina de Mark Meadows, el jefe de personal de la Casa Blanca. Hutchinson dijo que, por aquellos días, Donald Trump estaba completamente trastornado, que andaba como desquiciado. En determinado momento arrojó su plato del desayuno contra una pared de la Casa Blanca. Según ella, cuando le informaron, durante el mitin del 6 de enero, que sus partidarios llevaban armas, el presidente no manifestó preocupación alguna porque, afirmó, eso no representaba ninguna amenaza contra él.

Hutchinson también reveló que, después de terminar su discurso aquel 6 de enero al mediodía, Trump decidió ir al Capitolio para unirse a los manifestantes. Cuando comprendió que lo llevaban de regreso a la Casa Blanca, se enfureció, protestó, hasta intentó tomar por la fuerza el volante de la limusina presidencial y arremetió contra su agente del Servicio Secreto; lo sujetó por el cuello mientras le gritaba "¡Soy el puto presidente, llévame al Capitolio ahora!". Pero el agente se mantuvo firme e intentó explicarle que la escena era demasiado peligrosa e inestable. Este incidente muestra que

Trump deseaba estar cerca de sus partidarios durante el asalto al Capitolio.[11]

Varios testimonios dejan incluso suponer que el mandatario, al ver que no conseguía modificar los resultados adversos, consideró mantenerse en el poder mediante un golpe de fuerza.[12] Así lo afirma, por ejemplo, el diario *The Washington Post*: "Seamos claros: lo sucedido en la tarde del miércoles 6 de enero [de 2021] en el Capitolio de Estados Unidos fue un intento de golpe de Estado, incitado por un presidente sin ley".[13] En la investigación oficial sobre el asalto, el propio jefe de Gabinete de Donald Trump en la Casa Blanca, Mark Meadows, confesó que unos días antes del ataque el expresidente había elaborado una presentación en PowerPoint en la que reveló un meticuloso plan elaborado para mantenerse en el poder mediante un golpe de fuerza asestado el día de la toma de posesión de Joe Biden.[14]

El recurso a la fuerza, a las armas y a los militares no era algo que repugnara a Trump. El periodista Michael C. Bender, de *The Wall Street Journal*, narró la rabia del magnate republicano en mayo y junio de 2020, cuando los manifestantes salieron a las calles a protestar contra el asesinato de George Floyd. "¿Así es como manejáis a esta gente?", reprendió Trump a sus altos funcionarios. "¡Rómpanles el cráneo! –les ordenó–. ¡Por lo menos dispárenles!".[15] Al ver que el fiscal general Bill Barr y el jefe del Estado mayor conjunto, Mike Milley, oponían resistencia, rugió: "Bueno, dispárenles en las piernas, o tal vez en los pies. ¡Pero sean duros con ellos!".[16] Esto lo confirma también el que fuera su ministro de Defensa, Mark Esper, quien, por otra parte, se opuso a la idea del expresidente de desplegar el Ejército para reprimir las demandas de los militantes de Black Lives Matter. Esper ratificó que, durante una tensa reunión en el despacho oval, el 1° de junio de 2020, Trump, furioso, le repitió: "¿No puedes dispararles? ¿Simplemente dispararles en las piernas o algo así?".[17]

Según diversos testigos, en las jornadas posteriores al 3 de noviembre de 2020, fecha de las elecciones presidenciales, el líder republicano estuvo a punto de firmar una orden ejecutiva para que las Fuerzas Armadas "procedieran a decomisar de inmediato todas las máquinas de votación en los estados de Georgia, Arizona, Michigan, Wisconsin, Nuevo México y Pensilvania", con el pretexto de la existencia de (falsos) "informes" –elaborados por sus propios partidarios– sobre un pretendido "descubrimiento de suficiente evidencia de interferencia internacional en la elección de 2020".[18] En realidad, las máquinas de voto electrónico ni siquiera estaban conectadas a internet... Pero ese proyecto se frustró porque Trump no pudo contar con el Pentágono, ni con el Federal Bureau of Investigation (FBI), ni con la Central Intelligence Agency (CIA), "que son quienes tienen las armas".[19]

Masha Gessen, autora de *Sobreviviendo a una autocracia*,[20] asegura que "los invasores del Capitolio querían evitar que los miembros del Congreso hicieran su trabajo, y destruir cualquier elemento de la maquinaria de la democracia estadounidense sobre la que pudiesen echar mano".[21] De hecho, varios legisladores afirmaron que si las urnas con los votos del Colegio Electoral –única documentación legal para proclamar al presidente electo– se hubiesen hallado en el hemiciclo cuando los atacantes irrumpieron en él, con seguridad estos las hubiesen destruido para evitar la proclamación de Joe Biden, lo cual coincidía con una de las narrativas conspiranoicas que circularon mucho en las redes durante las semanas previas a la embestida del 6 de enero.

Según ese relato, desprovisto de cualquier fundamento jurídico, si se conseguía retrasar en cinco días la sesión de proclamación de los resultados, Biden ya no podría ser declarado presidente. ¿Cómo conseguirlo? Deteniendo la sesión de conteo (*stop the steal*). Impidiendo la ratificación del nuevo presidente. Obstaculizando el desarrollo de la democracia. En suma, organizando un motín para tomar por asalto y ocupar el Capitolio.

Otros testimonios fehacientes aseguran que, en ese ataque, un comando de una veintena de milicianos uniformados y armados[22] se habría infiltrado entre los asaltantes con un objetivo concreto: asesinar a los líderes demócratas Nancy Pelosi y Kamala Harris, así como al propio vicepresidente republicano, Mike Pence, acusado por Trump de "no tener el coraje de hacer lo que debería haber hecho para proteger nuestro país y nuestra Constitución". De ese modo, al decapitar la cúpula, se crearía un vacío de poder que el millonario republicano aprovecharía para proclamar una nueva república trumpista.[23]

Investigaciones sociológicas recientes revelan que más del 25% de los estadounidenses están dispuestos a renunciar a la democracia en favor de un líder dominador que "haga lo que hay que hacer". Se estima que al menos la mitad de los votantes republicanos aceptaría un régimen autoritario, no democrático. "Para ellos –afirma la profesora Karen Stenner, autora de *The Authoritarian Dynamic*–,[24] la idea de elecciones *robadas* no es una *gran mentira*, sino una suerte de "verdad superior" basada en una cuestión fundamental: ¿a quién pertenece realmente Estados Unidos? Muchos ciudadanos consideran que la *legitimidad* de una elección no depende de si se llevó a cabo de manera libre y justa, sino de si se obtuvo el resultado *correcto*".[25]

Entre los votantes de Trump, los "blancos pobres" son, en particular, los menos interesados en defender los ideales democráticos. Lo que desean ante todo es salir de su pobreza y de su desesperanza personal. Están rabiosos. Se sienten frustrados electoralmente, porque piensan que nadie hace nunca nada por ellos. Desde el principio, esos blancos vieron en el magnate republicano a un potencial salvador. Se convencieron de que este "triunfador en los negocios" iba a cortar por lo sano y a hacer por fin "lo que hay que hacer". A sabiendas de esto, Donald Trump fue solo el primer presidente estadounidense dispuesto a sacar provecho de su popularidad para intentar permanecer en el cargo sin haber ganado unas elecciones.

Mecánica narrativa

¿Pensó Trump, desde el principio de su mandato, en utilizar las huestes de sus exaltados hinchas para proceder a un golpe de fuerza insurreccional? Es poco probable. El caótico e impulsivo líder republicano no es tan metódico ni paciente como para elaborar un plan maquiavélico a largo plazo. Pero no cabe duda de que, al ver que nada parecía impedir su expulsión de la Casa Blanca, decidió apoyarse en las turbas de sus partidarios más extremistas, a quienes venía lavándoles el cerebro desde hacía años. A partir de ahí, todo ocurrió como si, en sus cuarenta y ocho meses de presidencia, el expresentador del programa de telerrealidad *The Apprentice* (El aprendiz) hubiese construido una sutil mecánica narrativa –a base de posverdades y de patrañas conspiracionistas– para fanatizar poco a poco a decenas de miles de adeptos que acabarían por –literalmente– venerarlo. Es bien sabido que el empresario republicano es un narcisista que ama el halago, y le gusta recompensar a los aduladores.

Manipulando la verdad, usando el poder de los símbolos, de la oratoria, de las imágenes y de las nuevas redes sociales, Donald Trump, desde su discurso de toma de posesión, el 20 de enero de 2017, se definió como un *líder carismático*, un *jefe mesiánico* elegido para *rescatar* a Estados Unidos. Desde el primer día, dominó el espacio público y convenció a sus seguidores, a base de una *relación directa* vía Twitter, de que su gobierno sería el "gobierno del pueblo para el pueblo".

Denunció al *establishment* y a las élites políticas de Washington por haberse enriquecido y protegido, según él, sin ocuparse de los ciudadanos: "Sus victorias –dijo a sus electores– no fueron triunfos para ustedes". Se presentó como el *salvador* y *refundador* de la patria: "Vamos a estar protegidos por Dios", prometió, como si el mismo Dios se lo hubiera garantizado.[26] Para llegar al corazón de la gente, convenció a sus oyentes de que, para él, eran "muy especiales", y que él sí los comprendía. Formuló eslóganes simples, concretos y conmovedores ("Seré el mayor creador de empleos que Dios inventó"), salpicados a menudo de racismo ("Cuando México envía a su gente aquí, envía gente que trae drogas, trae crimen, y son violadores") y de machismo ("Cuando eres una estrella, [las mujeres] te dejan hacerles cualquier cosa: agarrarlas por el coño, lo que sea"). Supo imponer formulas y clichés ("¡Hagamos a América grande de nuevo!", "¡Soy el presidente de la ley y del orden!", "¡Construyamos el muro!"), que sus fanáticos repetían como mantras, impidiendo así todo pensamiento autónomo, porque esas frases hechas asfixiaban cualquier cuestionamiento crítico.

Más que una autoridad indiscutible, el ególatra republicano, en el limbo populista, quiso ser un *mito* que dirigía el país envuelto en una aureola de narcisismo, endiosamiento y veneración pública ("Podría disparar a la gente en la Quinta Avenida y no perdería votos"). Con un lenguaje impactante y confuso, mezcla de expresiones vulgares, jerga tecnocrática y promesas difusas, supo oscurecer las verdades para dividir a los estadounidenses en un "nosotros" y un "ellos". E inculcar la detestable ideología de que el fin justifica los medios. No tuvo reparos en estimular los delitos de odio: los condados que votaron de manera masiva por él en las elecciones de noviembre de 2016 experimentaron, entre 2017 y 2021, el mayor aumento de crímenes de odio contra afroamericanos, judíos, homosexuales y personas de origen hispano.[27]

Diestro y habilidoso en la comunicación de masas, Donald Trump se construyó cuidadosamente una imagen pública sofisticada del *líder-gurú* capaz de escribir su propia realidad, y de crear con el lenguaje un mundo a su medida ("Si no les dices a las personas que has tenido éxito, quizás no lo sepan nunca"). Consiguió que millones de personas se subyugaran libremente a él, aceptaran su dominio y se entregaran por completo a su voluntad absoluta. Sus partidarios, colectivamente, se convirtieron en una auténtica secta, se identificaban frenéticamente con él. Obedecían a sus dictados. Creían sus historias. Se bebían sus palabras. Rendían culto a su personalidad. Lo idolatraban. Estaban a sus órdenes, dispuestos, si fuese necesario, a lanzarse a cualquier aventura con tal de mantener a su ídolo –en última instancia, incluso por la fuerza– en el poder.[28] Trump animó a sus seguidores más extremistas a acudir a Washington para "detener el robo" (*stop the steal*) y evitar que el Congreso cumpliera con su obligación constitucional de certificar el conteo de los votos electorales. Aquel día, menos de una hora antes de que sus fanáticos invadieran y profanaran el templo de la democracia estadounidense, el magnate populista, ante decenas de cámaras de televisión, arengó a sus ardientes hinchas, la mayoría de ellos hombres adultos blancos.[29] Mientras en el interior del hemiciclo un grupo minoritario de republicanos intentaba obstaculizar la proclamación final de la victoria del demócrata Joe Biden, Trump siguió azuzando, espoleando e instigando a sus exaltados partidarios a marchar sobre el Capitolio, mientras insistía, una vez más, en que la elección le había sido robada.

Les gritó: "¡No lo toleraremos más! Nunca nos rendiremos; nunca aceptaremos [el resultado electoral]. Vamos a caminar por la avenida Pennsylvania e iremos al Capitolio… Vamos a intentar dar a nuestros representantes republicanos –los débiles– el tipo de orgullo y de valentía que necesitan para recuperar nuestro país".[30] Los miles de ardientes partidarios que lo seguían en las redes[31] desde hacía años y que se habían concentrado en Washington para escuchar su alegato obedecieron a su orden. Enfurecidos, excitados, coreando consignas nacionalistas, avanzaron con fuerza hacia el endeble cordón policial situado al pie de las escalinatas del gran edificio y se convirtieron en un "misil guiado, dirigido al corazón de la democracia estadounidense".[32]

¿Qué tenían en la mente esos miles de trumpistas fanatizados, muchos de ellos armados, cuando se lanzaron al asalto del Capitolio? ¿Qué ideas, qué pensamientos, qué certezas y qué constructos narrativos ocupaban su imaginario? ¿De qué relato pensaban ser los protagonistas? ¿Cómo estaba amueblado su cerebro? ¿Cómo esas ideas y esas obsesiones habían llegado hasta allí? ¿Quién las había colocado? ¿De qué manera? ¿Qué responsabilidad tenían las redes sociales?

Un nuevo sistema *desinformativo*

El principal objetivo de este ensayo es intentar contestar esos interrogantes. Pero el proyecto es más amplio. Porque si aquí tratamos de analizar, en varias de sus aristas –sociológicas, comunicacionales, culturales y políticas–, un acontecimiento preciso –el asalto al Capitolio–, ocurrido en un país determinado –Estados Unidos–, y en un momento concreto –durante el mandato de Donald Trump (2017-2021)–, la lección vale para otras naciones y otros contextos, tanto de Europa (el Reino Unido de Boris Johnson, la Hungría de Viktor Orban, por ejemplo) como de América Latina (el Brasil de Jair Bolsonaro, El Salvador de Nayib Bukele, entre otros) o incluso de Asia (las Filipinas de Rodrigo Duterte y de Bongbong Marcos).

Se trata, en efecto, de examinar un fenómeno mucho más vasto: la crisis global de las sociedades que está provocando el *nuevo sistema desinformativo* de las redes sociales. O sea, los efectos en la gobernabilidad política de la progresiva conversión de las mentalidades al *culto de la mentira*.

En ese sentido, el ataque al Capitolio aquel 6 de enero de 2021 constituye un parteaguas, una línea divisoria, un hito. Hay un antes y un después de esa fecha en el estudio de las *patologías contemporáneas* del sistema democrático.

En un importante discurso, el 21 de abril de 2022, en la Universidad de Stanford, situada en el corazón de la Silicon Valley, y más precisamente en el Centro de Seguridad Cibernética que se dedica a estudiar los desafíos que el universo digital plantea a la democracia en el mundo, el expresidente estadounidense Barack Obama definió algunos de los problemas centrales que la aceleración desbocada de las redes sociales crea en nuestras sociedades. En esencia, apuntó: "Aunque para muchos de nosotros la búsqueda de noticias en las redes sociales es una ventana que se abre sobre el océano infinito de internet, nadie nos dice que esa ventana tiene ahora los cristales empañados y sucios, y ofrece una visión deformada de una realidad saturada de engaños y de sutiles manipulaciones. La mayoría de las personas aún confían en los motores de búsqueda y en las redes sociales como fuentes principales de novedades primarias y de informaciones. Pero esas plataformas sociales ahora están debilitando las democracias a pasos agigantados porque, en realidad, difunden en forma masiva teorías de la conspiración, discursos de odio y mensajes extremistas".[33]

Obama recordó también que la información que consume la gente impulsa la polarización política; una parte del país desconoce radicalmente a la otra, lo cual amenaza los pilares de la democracia en todo el mundo. Esos efectos nocivos no son todos intencionales, sino consecuencia de que miles de millones de humanos se conectaron de repente a un flujo de información global instantáneo y permanente… Y nuestros cerebros no están acostumbrados a recibir y a procesar tanta información con tanta rapidez. Muchos de nosotros estamos experimentando una sobrecarga. Con el tiempo, hemos perdido nuestra capacidad de distinguir entre hechos, opiniones y ficción al por mayor.

La desinformación se ha vuelto difícil de identificar. En internet es casi imposible distinguir entre un artículo revisado por expertos y una cura milagrosa lanzada por un charlatán. Las noticias falsas sobre las vacunas contra el coronavirus, por ejemplo, causaron la muerte de personas. El nuevo ecosistema informativo está impulsando algunos de los peores instintos de la humanidad. De hecho, la desinformación está matando a mucha gente. En algunos países, este nuevo sistema *desinformativo* ha creado sociedades en las que la población ya no sabe distinguir qué es real y qué no. Y eso no va a mejorar aunque el multimillonario Elon Musk, dueño de la empresa de vehículos eléctricos Tesla y amigo de Donald

Trump, acabe por comprar la plataforma Twitter (operación finalmente abortada)[34] y sus doscientos diecisiete millones de usuarios diarios (el 25 de abril de 2022). Recordemos que Twitter suspendió "de forma permanente" la cuenta principal de Trump, el 8 de enero de 2021, acusándolo de haber empujado a sus simpatizantes a asaltar el Capitolio y "debido al riesgo de mayor incitación a la violencia".[35] Elon Musk declaró, por ejemplo, que si adquiriese Twitter sacaría la plataforma de la Bolsa de Valores, con lo cual la empresa ya no se vería sometida a las múltiples presiones de accionistas y del gran público, quienes a menudo imponen restricciones a la dirección y le impiden desplegar su capital de manera irresponsable.[36] Elon Musk también anunció que deseaba convertir Twitter en "un ágora abierta a la libertad de expresión",[37] es decir, que *reduciría* las exigencias en materia de moderación y de control, lo que permitiría una mayor difusión de discursos de odio, extremistas, de *fake news* y de teorías conspirativas.[38]

El flagelo de las falsedades en línea está erosionando a pasos agigantados los cimientos de la democracia. Hay que frenar la propagación de contenidos dañinos. Como dice el expresidente Barack Obama, tenemos que elegir si dejamos que nuestra democracia se marchite o la mejoramos.[39] Porque esto va a empeorar. Se volverá mucho más complejo, ya que la inteligencia artificial (AI) es cada día más sofisticada. Y ello provocará que sea cada vez más difícil detectar las falsedades, las teorías conspirativas, las manipulaciones y la desinformación.

Lo que está ocurriendo es semejante, en cierta medida, a lo que Sigmund Freud llamó, en 1930, *el malestar en la cultura*.[40] En el fondo, tal es el auténtico propósito de este ensayo: realizar una observación con microscopio del asalto al Capitolio, como el ejemplo más elocuente y significativo del malestar actual de nuestra civilización (basada, en principio, en los valores democráticos pero también en las tecnociencias, la razón y el progreso).

El estudio de ese ataque contra el corazón de la democracia estadounidense –y de las circunstancias que lo originaron– nos permite explorar, con prudencia, el triángulo principal de la desazón contemporánea: la crisis de la verdad, la crisis de la información, la crisis de la democracia. Estas tres crisis existenciales, articuladas entre sí, afectan hoy, de una u otra manera, a casi todas las naciones.[41]

Tanto más cuanto que el (mal) ejemplo viene de Estados Unidos. Y si algo no posee casi excepción desde hace un siglo es la capacidad del modelo estadounidense –en materia de cultura popular, de modas, de consumo, de comunicación y de marketing político– en ser imitado y replicado por doquier. Más aún, por supuesto, en la edad de internet, de la web y de las redes sociales, un ecosistema cultural y comunicacional fundamentalmente creado y desarrollado en Estados Unidos, y que se ha salido de control.

Lo ocurrido en Washington aquel 6 de enero de 2021 se puede reproducir mañana, con características dispares, en otras latitudes. Este libro quisiera alertar contra semejante peligro.

La invasión del Capitolio fracasó. La democracia estadounidense resistió. La victoria electoral del demócrata Joe Biden pudo ser declarada de manera oficial. Pero las redes sociales difunden, veinticuatro horas al día y siete días por semana, patrañas, embustes y teorías conspirativas… La guerra civil cultural es más intensa que nunca entre populistas trumpistas y "wokistas"[42] identitarios. Los votantes republicanos siguen, en su mayoría, sin reconocer la victoria de Biden. Su mentalidad no ha cambiado. Y pese a su tentativa abortada de golpe de Estado, Donald Trump no ha dado su brazo a torcer, ha creado su propia red social y amenaza con regresar al poder…[43]

Por eso, repito una vez más, es importante preguntarnos cómo ese asalto fue posible. ¿Cómo se fueron encadenando los mecanismos sociales –reales o imaginarios– que desembocaron en ese atentado democrático? ¿Qué rol jugó la *nueva cultura de la mentira* vehiculada por las redes sociales? ¿Por qué los grandes medios clásicos (radio, prensa escrita, televisión) no consiguieron restablecer la verdad? ¿Cuál fue el papel de las teorías de la conspiración? ¿Cómo se explica que casi la mitad de los republicanos aún crean que "demócratas importantes están involucrados en redes de tráfico sexual infantil de élite"?[44] ¿Qué transformaciones se produjeron en la mentalidad de muchos apacibles ciudadanos hasta convertirlos en asaltantes y golpistas? ¿Por qué el pensamiento mágico sigue ganando adeptos? Las respuestas a estas incertidumbres nos permitirán establecer, en cierta medida, una cartografía del estado actual de la comunicación social y de la manipulación política, en la era de la posverdad, del atraco al imaginario y del conspiracionismo.

1. La fe y lo increíble

Tradicionalmente, se consideraba que creer en noticias falsas o en teorías conspirativas era un trastorno mental relacionado con la paranoia, o una consecuencia de un nivel educativo bajo. Pero las creencias complotistas se han extendido a tal punto que afectan hoy a todo tipo de personas en el mundo, cualquiera sea su clase social, su cociente intelectual o su nivel de estudios.[45] Durante los cuatro años del mandato de Donald Trump, se ha construido en el imaginario colectivo estadounidense un *relato político-mítico alternativo* fundado en la *radical desconfianza* de muchos ciudadanos respecto de la lectura de la realidad que proponen los cuatro principales pilares de la racionalidad social dominante: los medios de masas, las élites políticas, los actores culturales y los analistas universitarios.

Es como si, de pronto, en la bolsa frenética de las redes sociales la cotización de la *mirada experta* o de la *demostración científica* se fuese desvalorizando y acabase por desfondarse. Como si, para un grupo creciente de ciudadanos, las explicaciones más verificadas y más avaladas resultasen, *precisamente por eso*, sospechosas. Cuanto más científica es una explicación, más discutible resultará.

Que millones de ciudadanos compartan un bulo, un relato mítico o un "pensamiento mágico", y decidan creer historias fantasiosas, infundadas, absurdas, disparatadas, ilógicas e irracionales, en sí no es nada nuevo. De hecho, la historia enseña que, en cualquier lugar y en todas las épocas, los seres humanos tienden a *creer con mayor fe* lo que es, literalmente, *increíble*.

Incluso se podría establecer una ley: solo lo increíble suscita fe. Porque, en verdad, no se necesita fe para admitir, por ejemplo, que dos más dos son cuatro, o que las cosas caen al suelo por la fuerza de la gravedad. Lo científico, lo palpable, lo verificable, lo comprobable no necesita de la fe. La lógica, la observación, la razón o el sentido común bastan. En cambio, la fe resulta indispensable para *creer* relatos fantasiosos, indescifrables, enigmáticos. O promesas inverosímiles. Por ejemplo, necesitaré una buena dosis de *fe ciega* para convencerme de que, en caso de ruptura amorosa, conseguiré "amarrar definitivamente el amor de quien ya no me quiere, efectuando una oración a la Santísima Sandra Salvadora y Sanadora, Reina de las Siete Encrucijadas, escribiendo en la planta de mi pie izquierdo el nombre de la persona amada, y pisando fuertemente con ese pie tres veces, y pronunciando el nombre de la persona amada, y diciendo: 'Tres veces debajo de mi pie, tres veces te tengo, tres veces te amarro y tres veces te mantengo por los poderes de la tierra, por la presencia del fuego, por la inspiración del aire, por las virtudes del agua, por los poderes de las trece almas benditas, por la fuerza de los corazones sagrados y de las lágrimas derramadas por amor, para que la persona amada –esté donde esté en este momento– se dirija aquí y traiga su espíritu ante mí, amarrándolo definitivamente al mío. Que así sea, así será, y así está hecho. Amén'".[46]

Después de todo, y sin ir más lejos, las religiones –todas las religiones, del presente y del pasado– responden a las características del pensamiento mágico. Y ello no impide que la mayoría de los habitantes de nuestro planeta se declaren devotos de alguna religión. O crean en alguna superstición. Es conocido, asimismo, que otra de las principales características del ser humano es su excepcional capacidad para *inventar* narraciones fantasiosas… ¡y creérselas!

Desconfianza epistémica

Por todas esas razones, para muchos ciudadanos la pregunta pertinente ahora no es ¿qué pruebas científicas hay de que tal cosa es así?, sino ¿por qué tanta insistencia en querer demostrarme y convencerme de que tal cosa es así? Esa es la *sospecha principal*, la *desconfianza epistémica*[47] que se ha extendido, vía las redes, en nuestras sociedades. Y muy particularmente en Estados Unidos. En especial en el seno de las clases medias blancas empobrecidas, es decir, el núcleo más enfurecido, más desesperado y más fanatizado del electorado de Donald Trump.

Es como si asistiéramos a la insólita inversión de aquella célebre predicción atribuida a Joseph Goebbels, ministro de Propaganda de Hitler, según la cual "una mentira repetida mil veces se convierte en verdad". Hoy, muchos activistas conspiracionistas de redes consideran que una *verdad* repetida mil veces es quizás una *mentira*. Por ejemplo, me han dicho siempre que la Tierra es redonda, y me lo han repetido tantas y tantas veces que, por eso, resulta sospechoso: es probable que sea falso. Esto, en la historia de la comunicación, constituye una revolución copernicana.

También hay que decir que todo esto se produce en plena crisis de la racionalidad moderna. Y que esta, según el profesor Darío Villanueva, autor del libro *Morderse la lengua. Corrección política y posverdad*,[48] se manifestaría en especial a través de dos rasgos principales: "Por un lado, la *posverdad*, es decir, la mentira posmoderna. Y por el otro, la *corrección política* o, lo que es lo mismo, la censura posmoderna, que difiere de la tradicional en que aquí es la sociedad civil y no el Estado quien la promueve y estimula. La posverdad compromete los límites entre realidad y ficción. Porque ya no vale el escrutinio de la razón ni tan siquiera el sentido común. Las palabras ya no sirven para designar lo que existe. En cuanto a la *corrección política*, se trata de una forma perversa de censura para la que no estábamos preparados, pues no la ejerce un poder constituido y con instrumentos represores: Estado, gobierno, partido, Iglesia, sino entidades difusas, casi diríamos que 'gaseosas', que afloran desde la sociedad civil, pero pueden ser igualmente destructivas mediante lo que últimamente se ha dado en llamar *cultura de la cancelación*".[49]

Todos estos cambios se producen, asimismo, en medio de una suerte de *reacción individual y salvaje* a la aplastante dominación (aparente) de las tecnociencias en nuestro entorno. Ciencias y tecnologías que, por otra parte, se muestran incapaces de proponer soluciones a algunos de los problemas más punzantes que conocen muchas familias, en particular las pertenecientes a esas clases medias blancas estadounidenses: el desempleo, el empobrecimiento, el desánimo, los desahucios, la precariedad, la violencia, la marginalidad, la depresión, el alcoholismo, las drogas, la exclusión... Y, sobre todo: la amenaza de un inexorable desclasamiento.

Fin del "sueño americano"

Añádase a todo eso, desde febrero de 2020, el mejor cóctel de las últimas décadas para la expansión de las narrativas conspiracionistas: la pandemia de covid-19, ese *hecho social total*.[50] Con la sensación de apocalipsis durante los largos meses de confinamiento, aislamiento, enfermedad, angustia, pánico. Con la salud mental muy afectada... Con la pantalla del televisor, del ordenador o del teléfono tantas horas diarias iluminada. Y las incógnitas sobre el sistema sanitario convencional.

Las clases medias blancas, como grupo social, representaban en Estados Unidos, en 1980, el 65% del electorado, lo cual se traducía en altas cuotas de representación legislativa (diputados, senadores) en el Congreso. Hoy, los electores pertenecientes a esas clases medias son menos del 35%, y su representatividad política se ha desfondado. En términos de riqueza y patrimonio, su derrumbe es también brutal: en 1970, la renta de las clases medias alcanzaba el 61% de la totalidad de la renta nacional. Hoy, no llega al 43%.[51] Entretanto, por contraste, la renta de las clases superiores acomodadas se disparó, pasando del 29% al 49%.[52]

¿Cómo se explica semejante empobrecimiento colectivo de la *working class* blanca? Hay que recordar que a la Gran Depresión (1929-1933) le siguió el New Deal y, después de la Segunda Guerra Mundial, el "consenso keynesiano": una revolución del capitalismo en la que el Estado corregía los excesos del *laissez faire* liberal. El keynesianismo se tradujo en treinta años gloriosos de crecimiento ininterrumpido (1945-1975).

Pero cuando se agotó esa teoría, se instaló una *stagflation* (combinación de estancamiento económico y de elevada inflación), y surgieron, para solucionarla, en 1980, Margaret Thatcher en el Reino Unido, y Ronald Reagan en Estados Unidos, con su "revolución conservadora" y su "pensamiento único".[53] O sea, un neoliberalismo reducido a un decálogo llamado Consenso de Washington, cuyos principales mandamientos eran: reducción de la talla del Estado, desregulaciones, rebajas de impuestos, monetarismo, privatizaciones, deslocalizaciones, globalización y, en fin, el poder total entregado a los mercados financieros por encima de casi todas las cosas.[54]

Sin duda, ese proceso de globalización neoliberal, así como la deslocalización de manufacturas hacia el extranjero en busca de mano de obra barata, sin olvidar la pérdida de influencia de los sindicatos, aceleraron el desmantelamiento del Estado de bienestar y la desindustrialización, y provocaron la consiguiente destrucción de millones de buenos empleos bien pagados. Todo ello agravado, a partir de 2007-2008, por una nueva gran depresión ocasionada por la crisis de las hipotecas y las *subprimes*.[55]

Muchos ciudadanos de las clases medias blancas vivieron los feroces traumatismos de esa época con el sentimiento de que algunas certidumbres, consideradas como permanentes o inamovibles, de repente se tambaleaban y se derrumbaban. De pronto, se vieron inmersos en una época caótica en la que los *grandes relatos hegemónicos* que daban sentido al funcionamiento del mundo (de *su* mundo) ya no servían... Y esos ciudadanos no acababan de entender cuál era la nueva lógica que determinaba lo que estaba pasando. Identificaban piezas aisladas del rompecabezas pero no distinguían el nuevo paisaje en su conjunto.

Al mismo tiempo, al imponerse –como consecuencia de la ideología neoliberal– una política de austeridad y de recortes, se redujeron incluso las plantillas de funcionarios y de empleados públicos, a la vez que disminuían drásticamente las ayudas sociales. Mientras tanto, con la informatización de la sociedad y la mutación tecnológica, se multiplicaban los empleos basura, se extendía el sector de servicios sin calificación, los trabajos precarios, los contratos temporales, la *uberización*, la *amazonización*... En paralelo, y en el seno de las familias, se disparaban los divorcios, el alcoholismo, el consumo de tranquilizantes y de drogas, la violencia machista, los suicidios. El sueño americano se fue transformando en espantosa pesadilla. Para muchos blancos empobrecidos, el futuro se desvaneció.

El recurso del Prozac

Recordemos que a principios de 2021 había en Estados Unidos unos cincuenta y cinco millones de personas pobres. O sea, ocho millones más que en 2019, como consecuencia, en parte, de la pérdida de millones de empleos a causa de la pandemia de covid-19. Pero ya antes de esta crisis sanitaria, la Oficina del Censo del gobierno federal estimaba que *dos de cada cinco* ciudadanos no podían cubrir un gasto de cuatrocientos dólares sin endeudarse al pedir un crédito a su banco.[56]

No cabe duda de que, en el seno de la sociedad estadounidense, las principales víctimas de este desastre social son, como siempre, las minorías más marginadas: afrodescendientes e hispánicos. Uno de cada cuatro latinos vive por debajo del umbral de pobreza. Igual ocurre con los afrodescendientes, porcentajes que crecieron durante el año 2020.[57] En el caso de la población blanca, el número de pobres también ha aumentado de manera leve (de 11,2% a 12,4%) aunque son, en porcentaje, dos veces menos numerosos que las minorías afroamericana e hispanas especialmente afectadas por el paro o el subempleo.[58]

A pesar de todo, a partir de los años ochenta, los blancos de la clase media también empezaron a ser golpeados por el cambio del modelo económico. Era la primera vez que eso les ocurría de forma tan brutal desde 1929. Muchos asalariados pertenecientes a la pequeña burguesía blanca perdieron sus empleos, y fueron presas de pánico y de angustia ante el porvenir. Psicológicamente el choque fue perturbador. El abatimiento y las depresiones proliferaron como una epidemia devastadora.

En sectores de la población que jamás habían consultado a un especialista en trastornos mentales se banalizó el recurso a los tranquilizantes y a los antidepresivos. Un detalle que no siempre se subraya: fue entonces, durante el doble mandato del presidente ultraconservador Ronald Reagan (1981-1989), mientras se consolidaba por todo el país el modelo neoliberal con sus estragos sociales, cuando se extendió el uso masivo de sedativos y antidepresivos como el Valium y el Xanax. Sobre todo, en esa época, se inventó el Prozac, el fármaco que cambió la forma de tratar la depresión y que hizo perder el miedo de la gente a los tranquilizantes.

La depresión era una afección tratada exclusivamente por los psiquiatras con unos medicamentos llamados *antidepresivos tricíclicos* (amitriptilina, clomipramina), que generaban miedo en los pacientes por sus efectos adversos, a veces graves. Pero al aparecer el Prozac (fluoxetina),[59] que poseía casi la misma eficacia que los fármacos existentes pero con un perfil de seguridad mucho más favorable, incluso los médicos generalistas comenzaron a prescribirlo de manera masiva.

En particular, para tratar de devolver la voluntad de vivir a miles de esos estadounidenses de clase media quebrantados por la crisis. Como se sabe, este antidepresivo produce una estimulación de los niveles de serotonina en el cerebro, relacionados con la percepción de bienestar emocional y de un sentimiento de felicidad.

Durante todos esos años de recortes neoliberales y de gran estrés social, el Prozac se popularizó hasta tal punto que encontró incluso fama cultural. Desde el célebre libro testimonio de Elizabeth Wurtzel, *Prozac Nation* (1994),[60] colosal éxito en ventas, hasta el thriller cinematográfico *Efectos secundarios* (2013), de Steven Soderbergh, en el que las cápsulas de Prozac son las auténticas protagonistas.

Desde ese momento, el mercado de este tipo de fármacos no dejó de crecer. En los últimos veinte años, mientras se acentuaban las desigualdades sociales, el consumo de antidepresivos en Estados Unidos aumentó en un 65%, según datos del Centro de Control y Prevención de Enfermedades. Y la reciente crisis sanitaria de pandemia de covid-19 acrecentó de manera exponencial la angustia social. Consecuencia: las tasas de ansiedad y depresión, por ejemplo, alcanzaron hasta el 37% y el 30%, respectivamente, a finales de 2020, frente al 8,1% y el 6,5%, respectivamente, en 2019,[61] con una proporción aún mayor entre las personas de raza blanca y entre las mujeres. El 16,5% de ellas reconoció haberse medicado el mes anterior al sondeo. ¿Por qué lo hacen? "Los estadounidenses están consumiendo medicamentos antidepresivos a un ritmo alarmante porque están sufriendo una crisis de conexión con sus vidas –explica el doctor Paul Hokemeyer–.[62] La mayoría de ellos se sienten traicionados por el sistema político y por sus líderes. Y ya no pueden esperar una vida mejor para sus hijos".

La interiorización individual del desempleo, la precariedad o la *flexibilidad* laboral generan niveles de estrés y sufrimiento que son tratados como trastornos mentales a base de ansiolíticos y otros psicofármacos –para el mayor provecho de los grandes laboratorios–, cuando, en realidad, las causas de muchos problemas mentales son de carácter social, y no biológico. Como ha dicho el psiquiatra italiano Franco Basaglia, "bajo toda enfermedad psíquica hay un conflicto social".

Hace tiempo que quedaron demostradas las consecuencias de las crisis económicas, de la pobreza, de la precariedad y de las políticas de privatizaciones, recortes y austeridad en la salud mental de los trabajadores. "Sedar a la gente –dice James Davies, profesor de Sociología y Psicoterapia en la Universidad de Roehampton (Reino Unido), y autor del libro *Sedados*–[63] encaja maravillosamente con las necesidades del capitalismo. La depresión se considera un inconveniente económico porque la introspección y el ánimo bajo afectan a la productividad y aumentan el ausentismo. Drogamos a la gente en lugar de ofrecerles terapia psicológica porque se ve el dolor como una disfuncionalidad que debe ser corregida, y la solución más rápida que se ha encontrado es la medicación. Pero con ello no arreglamos nada… En otras palabras, sedamos el sufrimiento para hacerlo compatible con las necesidades del mercado".[64]

Mucho más hoy, cuando en un contexto de aumento de las desigualdades y de crisis de las organizaciones sindicales el nuevo capitalismo digital impone, como norma de empleo, el modelo Amazon. O sea, un ejemplo de producción y sistema de vigilancia que condena a los empleados a orinar en botellas para no gastar segundos en ir al retrete y perder puntos en su clasificación de productividad.[65] El mito del autoemprendedor y el imperativo del rendimiento como nuevo mandato de la sociedad del trabajo posmoderno crea personas obsesionadas por el esfuerzo que *libremente* se imponen una severa autoexplotación voluntaria,[66] lo cual genera individuos hartos de una continua guerra consigo mismos, hiperactivos, agotados, inatentos, deprimidos, vencidos, desesperados, suicidarios, que acuden ansiosos a los ansiolíticos como a una tabla de salvación.

Epidemia de opioides

Durante la década de 1990, al abuso de los antidepresivos vino a sumarse, en Estados Unidos, una pasión desmedida por el consumo de medicamentos analgésicos contra el dolor. Aparecieron entonces unos fármacos de nuevo tipo, a base de opio, llamados "opioides" u "opiáceos", que aportaban de pronto una respuesta eficaz a siglos de persistentes dolores. En 1995, las autoridades sanitarias aprobaron, en efecto, la venta de la oxicodona, un fármaco derivado del opio comercializado bajo la marca OxyContin para el tratamiento del dolor crónico. El OxyContin se sintetiza a partir de la tebaína, una sustancia básica del opio; o sea, es familia de la heroína y su efecto analgésico en el organismo humano resulta casi tres veces más fuerte que el de la poderosa morfina. Naturalmente, su consumo prolongado crea adicción, detalle que los laboratorios farmacéuticos se guardaron bien de subrayar.

A partir de ese momento, la prescripción de estos medicamentos se disparó. Los médicos comenzaron a recetar opioides en forma masiva, con dosis cada vez más altas y por períodos más largos. Además del OxyContin, otros medicamentos como el Vicodin o el Tramadol, también a base de opiáceos, se volvieron cotidianos, incluso contra dolores leves. Millones de personas se lanzaron a consumir estas nuevas drogas legales de manera desenfrenada. El número de pacientes "enganchados" se multiplicó.

Así empezó una impresionante ola de adicciones que los medios pronto llamarían la "epidemia de los opioides" y que se convirtió en una enorme crisis de salud pública con consecuencias devastadoras. Por citar algunas cifras: Estados Unidos representa alrededor del 4,4% de la población mundial, pero consume el 80% del total mundial de opioides.

Para mucha gente desesperada por el desastre social, combatir los dolores del cuerpo se convirtió en una manera de anestesiar los sufrimientos del alma, la depresión, el desánimo… A diferencia de lo que ocurrió en los años setenta con la ola de consumo de la heroína, y en los ochenta con la adicción al *crack*, que afectaron sobre todo a la población afrodescendiente de los guetos, esta vez las principales víctimas de los opiáceos fueron las clases medias blancas. En efecto, las primeras en lanzarse al consumo masivo de opioides fueron las comunidades blancas empobrecidas de las zonas más rurales del centro de Estados Unidos. Un estudio del HHS (Department of Health and Human Services) demostró que la crisis, al comienzo, afectaba sobre todo a trabajadores blancos de clase media del interior del país.[67] En ese momento, al OxyContin incluso se lo llegó a llamar la "Hillbilly Heroin" (la heroína de los paletos), porque los principales consumidores eran entonces los blancos pobres que residían en lugares más tradicionales o rurales. Luego, se incorporaron también al consumo de opioides los blancos empobrecidos de los barrios posindustriales.

Perdedores de la nueva reorganización social que estaba creando el neoliberalismo a base de cierres de fábricas, de estancamiento de los salarios, de desempleo, de aumento de las desigualdades, de aislamiento social y de inseguridad económica, estos blancos pobres se vieron empujados –como más tarde las comunidades amerindias, afrodescendientes y latinas– a buscar en los analgésicos opioides un paliativo a su doloroso sufrimiento social.[68]

Entre 1999 y 2019, según los Centros para el Control y Prevención de Enfermedades (CDC), casi quinientas mil personas fallecieron a causa de una sobredosis relacionada con algún opioide. En la mayoría de los casos, recetado por un médico. O sea, más fallecidos que militares estadounidenses muertos en las guerras de Vietnam y de Afganistán juntas. Solo en 2019, alrededor de ciento treinta y tres personas murieron cada día a causa de una sobredosis de opioides. Y en 2021 (hasta octubre), el fentanilo y otros opioides sintéticos estuvieron involucrados en dos tercios de las ciento cinco mil muertes por sobredosis.[69]

En la actualidad, alrededor de dos millones de estadounidenses son adictos al opio, un problema que afecta a todas las categorías sociales a lo largo del país. El documental *The Crime of the Century* (El crimen del siglo), producido en 2021 por HBO y dirigido por Alex Gibney, explica que esta crisis de opioides no ocurrió de repente, sino que fue "manufacturada" desde el inicio y estimulada por un contexto ideológico de *neoliberalismo feroz*. Según el autor, los dirigentes de la empresa farmacéutica estadounidense Purdue Pharma, fabricante del OxyContin –que ya habían ideado la agresiva estrategia comercial que impuso en Estados Unidos, en los años setenta, el consumo del tranquilizante Valium–,[70] poseen una enorme responsabilidad: "Los de Purdue Pharma –afirma Alex Gibney– fueron los que iniciaron la crisis de los opiáceos. Se dieron cuenta de que tenían entre las manos una poderosa droga, la oxicodona –dos veces más potente que la morfina–, y quisieron llevarla al mercado y ampliar sus usos […] omitiendo sus efectos adictivos, y negando que ninguna dosis fuera demasiado alta".[71]

La obsesión dominante de esa empresa farmacéutica era el beneficio económico, y no la salud pública, lo que acabó por crear situaciones aberrantes: representantes comerciales pagando a doctores para que recetasen, sin necesidad, más medicamentos con su marca. Las compañías farmacéuticas se dedicaron a difundir exageradamente publicidad engañosa y a sobornar a médicos con el objetivo de que estos devolviesen la inversión al recetar a sus pacientes fármacos por un valor dos veces superior. De ahí que, en contra del interés público, ciertos galenos prescribieran cantidades muy elevadas de opiáceos pensando en sus beneficios propios, y no en las necesidades de salud de sus pacientes.[72]

Antes del OxyContin, los médicos eran muy cuidadosos a la hora de recetar analgésicos opiáceos. Por eso, Purdue Pharma se propuso lograr que los doctores fueran más atrevidos, y que el número de recetas médicas de opiáceos se disparase. Lo consiguió con creces. Y ganó miles de millones de dólares.[73] Una parte de ese dinero lo consagró, cada año, a comprar influencias.

En Estados Unidos, las empresas farmacéuticas invierten unas ocho veces más en *lobbies* del Congreso de Washington que la industria de las armas. Cada vez que alguna asociación de pacientes o algún medio de comunicación pretendía lanzar una investigación sobre la "epidemia de opiáceos", Purdue Pharma utilizaba su colosal influencia para frenar cualquier encuesta. El crimen no fue inventar el OxyContin, explica el periodista del *New Yorker* Patrick Radden Keefe, autor de *El imperio del dolor*,[74] sino la estrategia mercantil de Purdue Pharma: afirmar que era un medicamento sin adicción, y mentir sobre todo el proceso.[75]

La película de Alex Gibney se difundió en un momento particular: en plena crisis pandémica causada por el covid-19. Paradójicamente, contribuyó a ampliar, en el seno de las clases medias blancas, el descrédito hacia las élites de Washington, las instituciones médicas y farmacéuticas, así como a mermar su fe en la ciencia. Todo ello basándose, en parte, en una legítima sospecha sobre la priorización de la lógica mercantil en el desarrollo tecnológico. Muchos militantes antivacunas y conspiracionistas hallaron en la denuncia efectuada por este riguroso documental, modelo de periodismo de investigación, una justificación a todas sus posiciones negacionistas.

La escoria blanca

A lo largo de las cuatro décadas del neoliberalismo triunfante (1980-2020), el ritmo de la decadencia de las clases medias blancas no se detuvo. Al contrario. En muchos hogares se impuso una economía familiar de pura supervivencia. Con la mujer a menudo como cabeza de familia, pero casi siempre en el paro o con empleos marginales. La figura del padre ausente, viviendo de las mediocres ayudas sociales y de cupones de asistencia federal (*food stamps*) para comprar alimentos, sin dinero suficiente para nada… McDonald's, Burger King y Kentucky Fried Chicken como principales destinos de "salidas festivas". En un deprimente ambiente social de obesidad, jeringuillas hipodérmicas, drogodependencia, alcoholismo, bulimia y vomitonas.

Poco a poco, muchos blancos de clase media fueron descendiendo en la escala social hasta confundirse con los blancos pobres de los estados exconfederados del Sur, quienes, a lo largo de la historia de Estados Unidos, siempre fueron marginalizados.[76]

En efecto, al terminar la Guerra de Secesión (1861-1865), muchos perdedores de piel blanca sufrieron distintos tipos de discriminación que se han prolongado hasta hoy. De los diez estados más pobres, solo Nuevo México (arrancado por las armas a México y anexionado por Washington en 1848) queda fuera de lo que se llama el *Dixie*, o sea, el conjunto de estados del Sur que se salieron de la Unión en 1861 y que, en la Guerra Civil, combatieron con los confederados y fueron derrotados. Hoy se les sigue mirando con desprecio.

Las élites de Washington, los grandes medios de comunicación y las películas de Hollywood siempre han sentido y difundido un fuerte desprecio clasista hacia los habitantes blancos del Sur pobre. Les llaman *rednecks* (nucas coloradas) porque, al final de la Guerra de Secesión, muchos blancos fueron obligados a trabajar en los campos de algodón junto con los esclavos afrodescendientes recién liberados. Estos gastaban sombreros de ala ancha para protegerse del inclemente sol del Sur. Por orgullo y para diferenciarse, los blancos pobres optaron por no ponerse aquellos sombreros. Resultado: el sol les achicharraba la nuca, se la ponía color rojo vivo…

Los prejuicios contra estos *rednecks* duran desde hace más de un siglo, como lo confirman los apodos injuriosos que se les ha dado a lo largo del tiempo: "morralla humana, hez de la tierra, patanes, trotamarismas, tunantes, basura, ocupas, mascamazorcas, comearcillas, chabacanos, horteras, pies de barro, 'scalawags' [farsantes], saltamontes de matojo, rústicos, catetos, pordioseros, tirados, negros de tez pálida, escoria blanca, caravaneros, vagabundos de fangal, degenerados…".[77]

Para cualquier adolescente de clase media pobre, crecido en el seno de esa "escoria blanca",[78] en semejante atmósfera caótica de depresión social, resultaba casi imposible salir adelante. Aunque hubo excepciones. Por ejemplo, James David Vance, criado entre los "paletos blancos" de Kentucky y de Ohio, en medio de la pobreza y de la toxicomanía de su madre, logró romper el determinismo social de su entorno, que lo condenaba a la misma condición que sus padres, sus abuelos o sus vecinos. Tuvo suficiente voluntad para alistarse primero en los Marines, acceder a la prestigiosa Universidad de Yale y triunfar después en Silicon Valley. Su autobiografía, *Hillbilly, una elegía rural* (2016),[79] constituyó un triunfo editorial (y luego cinematográfico) porque se publicó durante la campaña electoral de 2016, cuando Donald Trump se dirigía precisamente a esos "blancos marginados y excluidos" que le iban a dar la victoria, y a los que Vance describía con amplios detalles en la crónica de su vida.[80] Es significativo que este autor se haya convertido en un trumpista fanático. Gracias al apoyo explícito de Donald Trump, James David Vance ganó el 4 de mayo de 2022 las elecciones primarias republicanas en Ohio para ser candidato al Senado de Washington en los comicios de mitad de mandato del 8 de noviembre 2022.

Si el libro *Hillbilly, una elegía rural* se convirtió en un superventas no fue por ser una historia más de éxito (*success story*) como las que abundaron en los años 1940-1970, sino, al contrario, por ser el testimonio de una *excepción*, de un *milagro social*: el de un joven blanco de clase media pobre que consigue evadirse de la cárcel de su condición social y escapar a su destino anunciado. Algo ahora insólito, cuando lo habitual en estas últimas cuatro décadas, en Estados Unidos, ha sido la depauperación casi inexorable de tantas familias blancas de clase media, en particular rurales.[81]

Pueblos enteros y localidades urbanas edificadas en torno a grandes fábricas que lo procuraban todo –empleo, salarios, servicios, vacaciones, amigos– desaparecieron literalmente, borrados del mapa por la crisis de 2008. Al cerrar las manufacturas, dejó de llegar el agua, la electricidad, el wifi, el teléfono, el cable, el correo, los transportes... Como cuando con la Gran Depresión de 1929, descrita por John Steinbeck en *Las uvas de la ira*,[82] y por Woody Guthrie en su autobiografía *Rumbo a la gloria*,[83] los blancos pobres tuvieron que dispersarse, abandonando vivienda, enseres, vecinos... y lanzarse como vagabundos a la carretera.[84]

Es el tema de *Nomadland* (2020), la oscarizada película de Chloé Zhao interpretada por Frances McDormand, basada en el formidable libro-investigación de mismo título de la periodista Jessica Bruder:[85] "Una estremecedora denuncia de las condiciones laborales y de vida que sufren los perdedores del capitalismo".[86] Durante tres años, esta autora recorrió unos treinta mil kilómetros de carretera, desde la frontera de México a la de Canadá, entrevistando a cientos de estos "malditos" errantes nomadizados. Son *los desposeídos, los desarrapados, los despojados de hoy*. Casi todos adultos mayores, mujeres y hombres pertenecientes en su mayoría a las clases medias blancas que se quedaron sin empleo fijo.

"Lo habían perdido todo: su casa, su trabajo, su lugar en la sociedad –escribe Bruder–. Tras una vida dedicada a perseguir el 'sueño americano', habían llegado a la conclusión de que todo eso era solo una gran estafa...". Viven ahora todo el año a bordo de sus maltrechas casas rodantes. Entre ellos se ayudan, se protegen, se sostienen, con la fraternidad y la solidaridad de los que nada poseen, desplazándose en función de los empleos precarios que van surgiendo, sin poder elegir, padeciendo tanta necesidad que están dispuestos a aceptar lo inaceptable, cuando dejarse explotar es lo único que pueden decidir.[87]

Miedo al desclasamiento

Miles de familias blancas se descolgaron así de la clase media. Obreros despedidos por el cerrojazo de las industrias, técnicos desadaptados, artesanos quebrados, agricultores arruinados al borde del suicidio, madres solteras sobreendeudadas, diplomados sin empleo, funcionarios cesados por los recortes, neoproletarios del sector *delivery*... Todo el abanico zombi de los mutilados de la tragedia social causada por los hachazos de la globalización. Se necesitaría a otro Dickens para describir las cicatrices sociales en algunas zonas de Estados Unidos, a otro Zola para narrar las injusticias sufridas por los nuevos desahuciados. Y el propio Victor Hugo podría reescribir *Los miserables* en muchas áreas del *Middle West*.

Aunque para algunas familias el desclasamiento todavía no sea real, *todos* los blancos pobres lo viven como un *peligro inminente* para sus descendientes y las generaciones futuras. Temen que sus hijos o sus nietos ya no puedan reengancharse al ascensor social. Por eso, su sentimiento de un cercano *fin del mundo* es tan fuerte. En este pánico conectan con algunas corrientes *posapocalípticas* del ecologismo. Y se muestran sensibles a las metáforas *survivalistas* que tanto abundan, desde hace unos años, en la cultura de masas, en el cine, en los videojuegos[88] o en las plataformas de *streaming* como Netflix, y que en cierta medida ilustran sus propios espantos.[89]

Inútil decir que la confianza de estos desclasados en el "ideal americano" de *movilidad social* hacia arriba se ha evaporado. Sufren ahora, además, una pérdida de su identidad. Muchos piensan que las minorías étnicas (afrodescendientes, latinos, asiáticos) están demasiado asistidas sin merecerlo. Y su malestar se agudiza cuando estiman que la llegada permanente de nuevas mareas de inmigrantes acarrea, entre otras consecuencias, nuevas reducciones de sus propios salarios.

Mientras Estados Unidos fue una superpotencia mundial pujante y dominante, es decir, entre 1945 y 2008, estas clases populares blancas eran partidarias del mercado sin trabas y del librecambio. Pensaban que, como privilegiados natos, siempre saldrían ganando. Ahora constatan que, por abajo y por barato, el obrero mexicano les "roba" el empleo, y por arriba y por lejana, la multinacional china, surcoreana o vietnamita se lleva la fábrica. Entretanto, Wall Street apuesta por ambos extranjeros y "las élites" estadounidenses se enriquecen a expensas de los blancos pobres.

2. El malestar identitario

Durante mucho tiempo, en un país estructuralmente racista, la característica de ser blanco les había conferido otras dos ventajas suplementarias: pertenecían de manera automática a la "mayoría" (es decir, no eran "el otro", "el marginal", el de "color"), y se beneficiaban de todos los frutos del crecimiento del país. Ahora, sobre todo a partir de los dos mandatos del demócrata Barack Obama (2009-2017), además del desclasamiento, su segundo principal temor es que se produzca una *gran sustitución*,[90] o sea, que, a causa de la inmigración constante y del diferencial demográfico, las "minorías étnicas" –que ellos perciben como cada vez más "invasivas"– acaben por reemplazar, como clase dominante, a los blancos.

Esa teoría acusa también a los demócratas de usar la inmigración masiva para conseguir votantes más sumisos. Influyentes voces conservadoras, como la del presentador Tucker Carlson, de Fox News, o incluso la bulliciosa trumpista afrodescendiente Candace Owens, alimentan esa tesis. Según recientes sondeos, el 66% de los republicanos creen ahora en la conspiración del "gran reemplazo" y aceptan –en su totalidad o en parte– la afirmación de que "el Partido Demócrata está intentando sustituir al electorado blanco actual con electores de países más pobres de todo el mundo".[91]

La adhesión a estas ideas conspiranoicas aumenta cada día. Y eso ya ha causado las primeras víctimas mortales. En efecto, el 14 de mayo de 2022, un adolescente blanco de 18 años, Payton S. Gendron, a partir de esas tesis, cometió un repugnante "crimen de odio": asesinó, en un tiroteo masivo, a diez personas e hirió a otras tres. Once de las víctimas eran afrodescendientes. Según las autoridades, Payton S. Gendron había planeado con plena conciencia su ataque racista.[92] Buscó durante semanas el sitio idóneo para causar el mayor número de víctimas negras; se desplazó a más de trescientos kilómetros de su lugar de residencia; localizó el supermercado Tops Friendly Market, situado en Jefferson Avenue, en el corazón más pobre de un barrio predominantemente negro de Buffalo (Nueva York); esperó a que fuera sábado por la tarde cuando más gente acudía a hacer compras; adquirió un rifle de asalto AR-15 y lo modificó para que pudiese disparar ráfagas con mayor número de balas; se equipó con uniforme de tipo militar, chaleco antibalas y casco de guerra. Instaló en el casco una cámara de video con la que transmitió en vivo, vía Twitch, sus crímenes. Al mismo tiempo, publicó en internet un manifiesto de ciento ochenta páginas en el que se definía como "supremacista blanco, fascista, antisemita" y defendía precisamente la teoría conspiracionista del *white replacement theory* (gran reemplazo de los blancos). También declaró inspirarse en Brenton Tarrant, el racista que mató a cincuenta y un musulmanes en dos mezquitas de Nueva Zelanda, en 2019;[93] y de Patrick Crusius, otro supremacista que asesinó, ese mismo año, a unas veinte personas e hirió a otras veinticuatro en un centro comercial de El Paso (Texas), y quien también publicó un manifiesto delirante que denunciaba la "invasión hispana" de Texas.[94]

En la culata de su rifle, Payton S. Gendron escribió con tinta blanca la palabra *nigger* (negro), un término muy racista, muy ofensivo, que se considera tabú en cualquier contexto. En el arma, colocó asimismo otra inscripción: el número 14, una marca habitual del supremacismo blanco, en alusión a las "14 palabras" de uno de los lemas del movimiento neonazi estadounidense: "*We must secure the existence of our people and a future for white children*" (Debemos asegurar la existencia de nuestro pueblo y el porvenir de los niños blancos).[95]

Las empobrecidas clases medias blancas estiman, efectivamente, que su problema *social* central es la desaparición de la sociedad blanca y "euroamericana", *su* sociedad, la única que creen capaz de ofrecerles un futuro.[96] "Consideran que todo el mundo les pasa por delante –explica un analista–. Las medidas de discriminación positiva en favor de las minorías les dan la impresión de que los no blancos están siendo más favorecidos que ellos".[97] Por eso, estas clases medias venidas a menos han pasado del malestar social al *malestar identitario*. Ya no analizan su desgracia en términos sociales sino *raciales*.

Aunque aún pertenecen a la *cultura dominante* (la de los WASP, *white anglo-saxon protestant*) y durante decenios constituyeron el *motor de América* y la *columna vertebral* de la nación, las clases populares blancas saben que ya no integran la *élite dominante* (los ricos y los hiperricos).[98] Ahora, como dijimos, su terror es perder su modo de vida y verse succionados hacia abajo, hacia el abismo de la gran pobreza en la que tendrían que convivir con quienes más detestan: afroamericanos, latinos, asiáticos, musulmanes y otros "extraños extranjeros".

En el seno de esas clases medias, los jóvenes varones *millennials* y *zillennials* (pertenecientes a la generación Z),[99] como Payton S. Gendron, el asesino racista de Buffalo, son quizá los más impactados por el nuevo contexto sociocultural: "Los *millennials* –explica Marcos Reguera, especialista de los Estados Unidos en la Universidad del País Vasco (España)– se encontraron con un panorama laboral nada envidiable. Una gran proporción de ellos vio truncada su entrada al mercado de trabajo, o padeció una mezcla de pluriempleo y trabajo precario que no se correspondía con sus expectativas vitales [...]. Aquellos que ni siquiera tenían formación universitaria se encontraron que el sector industrial había desaparecido y que los trabajos del sector servicios menos cualificados los ocupaban, en condiciones de explotación, latinos y afroamericanos. [...] Para ellos, el problema era una sociedad que no ofrecía salidas, y en la que una élite cultural y educativa denunciaba –desde los medios de comunicación, las escuelas, institutos y universidades– la situación de vulnerabilidad de mujeres, minorías raciales y sexuales; pero que no tenía ni una palabra para las problemáticas de los varones jóvenes blancos".[100]

Por eso, tantos jóvenes se enrolaron primero en el movimiento derechista del Tea Party[101] a partir de 2009 para oponerse a las políticas del presidente Barack Obama. Luego, en la *alt-right*,[102] la nueva extrema derecha supremacista, nacionalista, machista, homófoba, racista, islamófoba, antiglobalización, antivacunas y complotista. Y por eso también, en 2016, votaron por Donald Trump e interpretaron sus eslóganes de campaña –"*America first*" (América primero) y "*Make America great again*" (Devolvamos la grandeza a Estados Unidos)– como que el nuevo presidente les iba a restituir *a ellos* –los *auténticos* americanos– su estatus perdido...

Descolgados, derrotados

Enfrentado a la candidata demócrata Hillary Clinton, Donald Trump propuso, precisamente, durante su campaña electoral de 2016, una lectura *identitaria, racista* y *antiinmigración* de la situación de esas clases medias blancas. En sus discursos de candidato republicano y en sus tuits insultaba a los mexicanos, a los musulmanes, a los homosexuales, a las feministas, a las personas con alguna discapacidad, a todos aquellos que no correspondían a su ideal de una sociedad blanca, viril, laboriosa, triunfadora, cristiana y masculina.

Defendía con vehemencia la segunda enmienda, el derecho a poseer y a portar armas, a la vez que despotricaba contra los "cuatro culpables" del estancamiento social y del infortunio de las clases medias, a saber: la Bolsa (Wall Street), la burocracia (Washington, el *deep State*), las grandes empresas (*big business*) y los medios masivos de comunicación (*mass media*).

Como buen populista, Trump entendió a la perfección el "malestar blanco", ese desarraigo y esa desesperación de un electorado que se siente incomprendido y, sobre todo, abandonado, desprotegido:[103] "Los hombres y mujeres olvidados de nuestro país ya no serán olvidados", afirmó en su discurso de victoria cuando ganó las elecciones.[104] De hecho, desde 1980, gobierne quien gobierne, republicanos o demócratas, solo las clases acomodadas y organizadas (o sea, los ricos) han sabido defender sus posiciones y sus propuestas, en términos de reducción de impuestos o de desregulaciones ventajosas. Con la hegemonía del modelo neoliberal y de la globalización, la gran empresa (el *big business*) tomó el poder en Washington. La hiperconcentación de la riqueza transformó el país.

En un primer tiempo, las clases medias trataron de no desengancharse, trabajando más, sacrificándose, endeudándose, pasando más tiempo en los transportes... Pero la velocidad del enriquecimiento de los ricos, acelerada por la dinámica del neoliberalismo salvaje, resultó imposible de seguir. Acabaron descolgándose, separados definitivamente por la brecha de las desigualdades, y también porque la informatización acelerada de la sociedad, a partir de 1990, provocó una nueva ruptura, esta vez digital.

Quienes consiguieron integrarse en el sector de las FTE (finanzas, tecnología, electrónica) se salvaron y mantuvieron su estatus. Pero aquellos que –por edad, educación, lejanía, incompatibilidades diversas– no supieron adaptarse al nuevo ecosistema de internet, se vieron rápidamente sustituidos por máquinas inteligentes, y desechados como juguetes rotos... La fractura digital se añadió a la fractura social. Los menos aptos fueron relegados a tareas primarias de subsistencia, sustituidos por algoritmos producidos por la inteligencia artificial, lo cual fomentó, en el seno de los perdedores de esas clases medias blancas, un mayor resentimiento contra la modernidad, la ciencia y la racionalidad tecnológica.

Luego vino, como ya dijimos, la crisis inmobiliaria de 2007, con sus millones de desahucios. Familias enteras de clase media blanca perdieron sus viviendas; expulsadas de sus confortables zonas burguesas, se convirtieron a veces en *homeless*, "sin techo", como los pensionistas pobres de *Nomadland*, de quienes ya hablamos, luchando por conseguir dinero para comer una vez por día, alojados en refugios para personas sin hogar,[105] subsistiendo, con una dignidad casi incomprensible, de la caridad pública en paisajes urbanos periféricos depresivos, feos, sucios, violentos, caóticos, con infraestructuras en ruinas, alto nivel de inseguridad y servicios públicos desastrosos. Entretanto, el Estado regalaba miles de millones de dólares a los bancos responsables y culpables del atropello social.

Un refugio identitario

Todo ello acabó por convencer a muchos blancos pobres de que eran víctimas de una *gran traición*, de una enorme mentira. Justo lo que les dijo Donald Trump: que el sistema político (Washington) era fundamentalmente incompetente, corrupto e incapaz de aportar solución a sus problemas. Que todo lo que les ocurría era la consecuencia de la infinita codicia de unas castas organizadas como una asociación de malhechores en la que los carroñeros de Washington se habían aliado con los lobos de Wall Street. Y que los medios de comunicación de masas, en vez de defenderlos, eran "el enemigo del pueblo".[106] Los ciudadanos no eran víctimas de la economía, sino de una concepción *corrupta* de la política.[107]

"Los partidarios de Trump –describe una experta– son los derrotados de las políticas de austeridad y aquellos cuyas empresas cerraron. Son los que nunca toman vacaciones y a quienes nadie escucha".[108] En las primarias republicanas de 2016, Trump ganó en el 88,2% de los condados en los que la población más numerosa no poseía ningún diploma escolar. "Amo a la gente con un nivel educativo bajo", declaró el magnate republicano en Nevada.[109]

A estos blancos sin estudios, empobrecidos, humillados y alarmados por la subida "amenazante" de la inmigración y de las minorías étnicas, elególatra republicano les propuso lo que podríamos llamar un *refugio identitario*. Contrariamente a los grandes medios, a los analistas financieros o a los profesores universitarios que, según Trump, solo se interesan por los ganadores y los triunfadores, el empresario republicano *entendió* a esos "perdedores", su gran malestar, sus angustias[110]. Les contó lo que deseaban oír. Manipuló y sometió a esa masa sumisa, mediante una retórica enigmática, sin proponer un programa preciso, pero hablando a base de eslóganes, de encantamientos, de promesas hipnóticas para devolverles su antiguo estatus. Como un ilusionista, un mago o un nuevo flautista de Hamelin, se comprometió a restituirles su pasada *grandeza* basada en una concepción nueva del liderazgo.

Para esas masas empobrecidas y sus pavores, el líder multimillonario republicano elaboró un discurso proteccionista, antiinmigrantes (el célebre muro con México), anti-Wall Street, antimedios, antiélites... A través de las redes sociales, en comunicación *directa* con sus hinchas, denunció el librecambio, la globalización, la ecología, el feminismo, la cultura de la cancelación, el *wokismo*, los acuerdos con China... Señaló una y otra vez a los enemigos principales: el "Estado profundo" (*deep State*), las castas superiores, arrogantes, distantes... Sus "perros guardianes": los periodistas, los grandes canales de televisión, los medios dominantes. Y el "círculo central del infierno", la Babilonia moderna, o sea, Washington, la capital federal, donde durante casi treinta años, dijo, solo se sucedieron en el poder, como en la cúpula de la mafia, *tres familias*: los Bush, los Clinton, los Obama.

Embuste social

Donald Trump hizo de la salvaguardia de los empleos en la industria un argumento capital de su campaña electoral de 2016, lo cual le valió un apoyo popular esencial en estados clave, como Michigan, Ohio, Illinois. Dramatizó la situación.

Juró obligar a los tres grandes constructores de automóviles de Detroit (Ford, Chrysler, General Motors) a repatriar los empleos deslocalizados en las fábricas de México. También prometió salvar los puestos de trabajo en los sectores del carbón y de la siderurgia. Los *blue collar workers* (obreros de mono azul), en su mayoría blancos, votaron con entusiasmo por él.

Pero conviene recordar lo siguiente: cuando Donald Trump se instaló en la Casa Blanca, en enero de 2017, la economía estadounidense iba muy bien. Durante los dos mandatos de Barack Obama, había absorbido el impacto del choque de 2007-2008, y el producto interior bruto (PIB) sobrepasaba en 5% el nivel de antes de la crisis. El desempleo era inferior al 4,7%, es decir, equivalía prácticamente al pleno empleo. De hecho, el país estaba viviendo el período de crecimiento económico más largo de su historia. El panorama no era para nada sombrío. No había ninguna urgencia para intervenir de inmediato con la brutal reforma fiscal que impuso Trump con su ley Tax Cuts and Job Act, votada en 2017, y que redujo el tipo impositivo de las empresas del 35% al 21%.

Además, el magnate republicano hizo desaparecer el impuesto de sucesiones, redujo los tramos fiscales del IRPF de siete a tres (10%, 25% y 35%) y rebajó la carga de los más afortunados del 39% al 35% en el mayor recorte de la historia fiscal de Estados Unidos.[111] Todo ello en favor de su propia casta, de sus amigos, los más ricos; no de las clases medias. Por primera vez en más de un siglo, los millonarios pagaban menos impuestos, en relación con sus ingresos, que cualquier otra categoría social.[112]

Esta política, innecesaria, constituyó de hecho el "triunfo de la injusticia" porque ensanchó aún más la brecha de las desigualdades y empobreció el Estado, al restarle recursos para cualquier programa federal de ayuda social y obligar a la administración a endeudarse. Un informe del Fondo Monetario Internacional (FMI) de 2018 preveía que la deuda pública estadounidense pasaría de representar el 107,8% del PIB a cerca de 117%.[113] Jamás en la historia, en tiempos de paz, el déficit había sido tan alto. Era una consecuencia de los colosales recortes fiscales decididos por Trump en favor de los más ricos. Recortes que, cuarenta años después, entroncaban –repito, sin necesidad– con las drásticas reformas neoliberales adoptadas por Ronald Reagan en los años ochenta, época en la que habían comenzado a ampliarse las desigualdades y a resquebrajarse la cohesión social, dando inicio precisamente al calvario social de las clases medias blancas.

Con respecto a sus "bases electorales", y en particular la *white working class*, Trump *no* cumplió sus promesas. Al final de su mandato, en enero de 2021, según la Oficina de Empleo de Estados Unidos, las industrias metalúrgicas *no* habían creado empleo. Al contrario, habían *destruido* unos setenta y cinco mil puestos.[114] Y, en particular, el sector automovilístico había perdido el 3,7% de sus asalariados. Trump tampoco consiguió hacer regresar las manufacturas deslocalizadas en el extranjero. Al contrario, General Motors informó, en noviembre de 2018, que reduciría –en Estados Unidos– sus efectivos en un 15% y que cerraría cinco plantas, incluso en Maryland, Michigan y Ohio.[115]

A finales de octubre de 2020, el fabricante de componentes para autos IAC Group,[116] controlado por el fondo WL Ross&Co, también cerró otra gran factoría en Ohio y decidió transferir su actividad a México. Con una particularidad: el fondo WL Ross&Co lleva el nombre de su fundador y accionista principal, el multimillonario Wilbur Louis Ross, quien era nada menos que el secretario de Estado de Comercio de Donald Trump de 2017 a 2021, o sea, el propio ministro encargado de negociar los tratados internacionales, de realizar las promesas del "*America first*" y de proteger el empleo estadounidense.[117]

Trump denunció algunos tratados comerciales, en particular con China y también con México y Canadá, y aumentó las tasas aduaneras, mientras juraba proteger así la producción nacional. Pero la principal consecuencia de ello fue que las empresas estadounidenses vieron aumentar el precio de las materias intermedias importadas (acero, aluminio, electrónica, vestimenta, etc.) y repercutieron esas alzas en sus precios de venta en detrimento de los consumidores locales. Miles de pequeños comercios –antes de la pandemia de covid-19– vieron, por consiguiente, disminuir sus ventas. Centenares de ellos tuvieron que cerrar. El alza desmesurada de las tasas de aduana constituyó, finalmente, otro gran error de la política económica de Trump. Se tradujo en un deterioro del poder adquisitivo de los consumidores, destruyó empleo y tuvo un impacto directo negativo en la vida de las clases medias.

Por supuesto, todo se agravó mucho más con la brutal llegada, a partir de marzo de 2020, de la pandemia de covid-19. El desempleo pasó en pocos meses del 4% de la población activa al 15%. El presidente republicano fue incapaz de gestionar la crisis sanitaria. Lo hizo de una manera caótica, embarullada, con fuertes contradicciones. Como un niño caprichoso, se empecinó durante semanas en negar la peligrosidad de la nueva enfermedad. Dio la impresión de dar palos de ciego. Difundió bulos sobre la pandemia. Dijo, por ejemplo, que científicos chinos habían fabricado el SARS-CoV-2 en sus laboratorios, que la medicación con hidroxicloriquina era eficaz, y que al beber lejía se mataba al virus.[118] Demostró ser uno de los líderes mundiales que peor enfrentó el maremoto pandémico. Careció de empatía hacia los enfermos y sus familias. Suscitó un profundo descontento en la población, en particular en las grandes urbes.

Además, la gente recordaba que, durante los primeros años de su mandato, Trump había consagrado gran parte de su energía a desmantelar el Affordable Care Act, mejor conocido como *Obamacare*. O sea, a retirarle el seguro de salud a unos veinte millones de ciudadanos, y a disminuírselo a otros cien millones,[119] dejándolos desprovistos de cobertura social en el mismo momento en que el nuevo coronavirus se disponía a contagiar a millones de norteamericanos y a matar a centenares de miles de ellos. Su popularidad en las encuestas empezó a menguar. Eso enfureció al narciso republicano y le empujó a exacerbar aún más las divisiones en el seno de la sociedad estadounidense.

Votar contra sí mismo

Las clases medias no vieron mejorar sus condiciones de vida durante el mandato de Trump. Al contrario. Inexorablemente, año tras año, su estatus continuó degradándose. Siguieron proletarizándose. Su sobresalto político natural ante esa degradación social debería haber sido la protesta, la contestación, la *rebelión*. O, por lo menos, si hubiesen reaccionado en términos de *clase*, su movimiento natural como electores podría haber sido, en esas circunstancias, moverse hacia la *izquierda*, aproximarse al Partido Demócrata o más allá. No lo hicieron, y –como en muchos países hoy–[120] estos pobres votaron *en contra de sus propios intereses de clase*, sobre todo por razones *identitarias*, porque antepusieron su narrativa sobre las armas, la ecología, el racismo, las minorías, el feminismo, el machismo, los inmigrantes, los homosexuales y Dios. Y también por *repulsión* a acercarse a organizaciones políticas progresistas en las que judíos, mujeres, afrodescendientes y latinos están muy presentes en las cúpulas.

Los blancos empobrecidos habían creído demasiado en Donald Trump. Desesperadamente. Tanto por ideología pequeñoburguesa como por pánico de tribu asediada. Habían depositado en él todas sus esperanzas, todas sus ilusiones. No podían admitir que el presidente del "*America first*" se había equivocado. O peor, que los había engañado...

A pesar de las evidencias, siguieron, por consiguiente, convencidos de que Trump, al contrario de los demás dirigentes políticos, cumplía lo que prometía. Era diferente. No defendía los intereses de una casta de privilegiados que solo usaban el poder para desviar los recursos públicos en su favor. Trump protegía al pueblo, a la verdadera *nación americana*.

Por eso, cuando a lo largo del mandato estos electores no vieron cambios significativos en su vida, lejos de echarle la culpa al magnate republicano, comenzaron a considerar que podría existir una poderosa *maquinación secreta* –dirigida *en la sombra* por muy influyentes *fuerzas ocultas*– que torpedeaba el plan de Donald Trump, su gran propósito mágico del "*Make America great again*" para rescatar a las clases medias. *Alguien* lo estaba saboteando…

3. ¿Qué es el complotismo?

En un universo lleno de incertidumbre –como el que envuelve hoy a las clases medias blancas estadounidenses– no es anormal que proliferen las "teorías del complot". Podríamos definir el complot o la conspiración como un proyecto *secreto* elaborado por varias personas que se reúnen y se organizan en forma *clandestina* para actuar juntas *contra* una personalidad o *contra* una institución. Recuérdese que *conspirar* significa, etimológicamente, "respirar juntos". La historia y los historiadores dan testimonio de la existencia *real* de cientos de verdaderos complots. Los ha habido siempre. Desde, por ejemplo, la célebre Conjuración de Catilina denunciada por Cicerón en el año 63 a. C., o el asesinato de Julio César en el 44 a. C. hasta el escándalo del Watergate en 1972, el caso Irán-Contra en 1986, o el complot mediático-político en Venezuela para derrocar a Hugo Chávez el 11 de abril de 2002.

Otro ejemplo de verdadera conspiración: el siniestro Plan Cóndor, en América Latina, coordinado en 1976 por la CIA estadounidense y los servicios de seguridad de las dictaduras militares de Argentina, Bolivia, Brasil, Chile, Perú, Paraguay y Uruguay.[121] O también, más recientemente, el destapado por el lanzador de alerta Edward Snowden, cuando reveló la trama de espionaje masivo implementado por el gobierno estadounidense a través de su programa secreto PRISM, elaborado por la NSA para vigilar a todos sus ciudadanos.[122]

Los complots existen pues, no cabe duda. Pero el complotismo, el conspiracionismo o la "teoría del complot" son otra cosa. Proponen una visión paranoica del mundo, que sitúa, en el centro del desarrollo de la historia, narrativas nacidas de un imaginario más o menos delirante cuya realidad no está en absoluto demostrada. Tratan de explicar cualquier fenómeno histórico causante de un impacto social importante (crisis, atentado, golpe de Estado, guerra, pobreza, peste, pandemia, paro, catástrofe, etc.) mediante un constructo intelectual que responda a todos los interrogantes suspicaces posibles. Consideran que cualquier desastre o acontecimiento social traumático es consecuencia de una "conspiración" de algunas *fuerzas superiores y secretas*. Y esto es muy antiguo; la propia palabra *desastre*, que significa *mala estrella*, se origina en la creencia profunda de que nuestro destino está fatalmente determinado por los astros...

Uno de los ejemplos históricos más conocidos de complotismo es el que dio lugar, durante siglos, a la "caza de brujas" y a la acusación de "crimen de brujería", que el historiador Pau Castell, de la Universidad de Barcelona (España), explica así: "El crimen de brujería aparece a finales de la Edad Media, hacia 1424, y lo primero que hay que decir es que es imaginario. Es una construcción intelectual que se basa en la idea de que existen hombres y mujeres que forman parte de una secta herética y demonolátrica, que se reúnen de noche, abjuran de la fe y provocan enfermedades y muertes por medios maléficos. Esto empieza a nivel de las élites intelectuales del momento, teólogos y juristas, pero es una creencia que se acaba extendiendo al grueso de la población, preocupada sobre todo por estos maleficios. Temen que haya gente, vecinos que viven entre ellos, que formen parte de este culto y causen la muerte de sus hijos, de su ganado".[123]

El conspiracionismo satisface las exigencias de muy diversos actores políticos y sociales. Identifica, según la época, a ciertos grupos (las élites, los ricos, los capitalistas, los empresarios, los extranjeros, las minorías étnicas, los comunistas, los anarquistas, los judíos, los yihadistas, los gitanos, las brujas, los albinos, los pelirrojos, el Opus Dei, la CIA, el imperialismo, la masonería, los jesuitas, las multinacionales, entre otros), y los culpa por los eventuales cataclismos políticos, económicos, sociales o sanitarios que se abaten sobre una sociedad.

El complotismo constituye, en cierto modo, una *maniobra de manipulación* para modificar la interpretación histórica de un acontecimiento.[124] Los teóricos de la conspiración se niegan a aceptar el papel del azar o de la iniciativa individual en los grandes acontecimientos. No creen que las cosas puedan suceder sin que *alguien* tenga la expresa intención de que así sea. El complotismo asume que todo irá mejor una vez que la acción popular pueda remover a las *fuerzas ocultas* de sus posiciones de poder.[125]

A veces denunciar un (inexistente) complot puede provocar, por efecto de pánico o ataque preventivo, una verdadera masacre. En Ruanda, en abril de 1994, después de un atentado que provocó la destrucción del avión presidencial y la muerte del mandatario hutu Juvénal Habyarimana, la emisora Mil Colinas de Kigali, una *radio de odio*, denunció sin tregua la existencia de un supuesto *complot* que estaría preparando la minoría tutsi para destruir a los hutus. Era falso. Pero esa denuncia sirvió de detonante para que, armados de machetes, decenas de miles de hutus se lanzaran a las calles a masacrar tutsis. Un auténtico genocidio que causó el exterminio de unas ochocientas mil personas.[126]

Dice la sismóloga estadounidense Lucy Jones: "Las teorías de la conspiración no solo implican creer en algo que no es verdad, sino pensar que hay un grupo de gente malvada que es responsable de un desastre. Estas teorías se vuelven mucho más comunes después de una tragedia. De una manera extraña, esas teorías te hacen sentir más seguro porque crees que tienes información especial que otras personas no poseen. Es como con las películas de terror, nos gusta pensar en cosas peligrosas cuando estamos a salvo".[127] En situaciones de crisis grave, como la que viven hoy las clases medias blancas estadounidenses, en las que una explicación clara y racional de lo que les ocurre no resulta evidente, la *teoría de la maquinación* ofrece respuestas. Da una sensación de control. Procura una suerte de contrapeso psicológico al vértigo de la incomprensión. Propone una narrativa congruente para darle sentido a un mundo que, de pronto, parece estar desposeído de lógica. Como escribe el profesor Mark Lorch, catedrático de Química y Ciencias de la Comunicación de la Universidad de Hull (Reino Unido): "Una de las causas por las que las teorías de la conspiración surgen periódicamente es nuestro deseo de imponer una estructura al mundo, y nuestra increíble voluntad de identificar pautas, normas, modelos".[128] Creer que tenemos acceso privilegiado a "informaciones prohibidas" nos procura un sentimiento de seguridad y de control. Nos ayuda a sentir que, en medio de un universo que se desploma a nuestro alrededor, tenemos ventaja, podemos llevar la delantera.

"Todo es mentira"

Por otra parte, en tiempos como los actuales, en los que las fuentes oficiales de información han perdido credibilidad, y cuando se otorga el mismo nivel de confianza a un meme[129] que a un noticiero de televisión o a una agencia de noticias, no es aberrante que las teorías conspirativas encuentren mayor audiencia en el seno de categorías sociales muy impactadas por la crisis. La tecnología ayuda. Porque mucha gente aprovecha el anonimato que ofrece internet para defender –amparados por la seguridad de un seudónimo– posiciones alternativas, agresivas, irrespetuosas o extremistas. La mentalidad complotista, *siempre paranoica*, tiende a ver la historia bajo el prisma de la sospecha y de la denuncia. Varios ensayistas –y Umberto Eco desde la ficción–[130] han explicado por qué nos fascinan algunas tesis disparatadas que pretenden detentar la clave absoluta para develar la "verdad verdadera" de lo que ocurre en el mundo.

Por ejemplo, el filósofo austríaco Karl Popper, probablemente el primer pensador que empleó la expresión "teoría de la conspiración", plantea que esta visión, según la cual todo lo que sucede en la sociedad es resultado de los designios directos de algunos individuos o grupos, es una expresión del *oscurantismo contemporáneo*, fruto de la secularización de antiquísimas supersticiones religiosas: "La *teoría de la conspiración* en nuestras sociedades –escribe Popper– es más antigua que la mayoría de las formas de teísmo, y es semejante a la teoría de la sociedad de Homero. Para Homero, el poder de los dioses era tal que todo lo que sucedía en la llanura delante de Troya era solo un reflejo de las diversas conspiraciones en el Olimpo. La teoría de la conspiración de la sociedad es simplemente una versión de ese teísmo: una creencia en dioses cuyos caprichos y deseos lo gobiernan todo. Deriva del hecho de abandonar a Dios y de preguntarse en seguida: '¿Quién está en Su lugar?'. Su lugar está ahora ocupado por diversos hombres, grupos de poder y 'siniestros' grupos de presión, a quienes se culpará de haber planeado la Gran Depresión y todos los males de los que sufrimos".[131]

Esa "conspiración", repito, se resume más o menos, *siempre*, a la siguiente estructura: un pequeño grupo de gente muy influyente controla –*en secreto*– los hilos del poder político, de la economía, de la banca, de los medios de comunicación, de la cultura de masas y de las instituciones académicas *contra* los intereses de la gente sencilla y común. Cualquier teoría conspirativa, insisto, está basada en la creencia de que unas "fuerzas poderosas y malintencionadas" mueven, *clandestinamente*, los hilos para manipular determinados eventos, personas o coyunturas. Estos *relatos conspirativos* poseen también –*siempre*– componentes idénticos: por ejemplo, la idea de que "nada sucede por casualidad"; la convicción de que los acontecimientos tienen una "trama oculta" (todo estaría muy bien planificado), y la certeza de que, *sin excepción*, detrás de lo que está pasando hay un individuo o un grupo que es el "causante", el "culpable".

Narrativas alternativas

Fascinado por las sociedades secretas, el escritor francés Honoré de Balzac[132] ya afirmaba en 1837: "Hay dos historias: la historia oficial mentirosa, que se enseña en los colegios. Y la historia secreta, la que revela las verdaderas causas de los acontecimientos, que es una historia ocultada, silenciada".[133] Desde hace pues casi dos siglos, el conspiracionismo se funda precisamente en esta convicción de que el "relato dominante", la "historia oficial" es, en realidad, una *gran mentira* que los medios de masas (cómplices, obviamente cómplices) difunden solo para ocultar la verdadera "historia secreta" y preservar los privilegios de una élite poderosa y de personajes encubiertos.

Teorías conspirativas, repito, las ha habido siempre. Algunos expertos señalan, por ejemplo, que en 1963 el 80% de los estadounidenses creyeron en teorías del complot en torno al asesinato del presidente Kennedy.[134] Lo nuevo es que ahora se difunden en una era en la que los ciudadanos están conectados en permanencia a las redes sociales y tienen acceso digital constante a la información. Una era en la que los *mass media* (televisión, prensa escrita, agencias de noticias y radio) ya no poseen el *monopolio de la influencia* en la opinión pública.

Internet y las redes sociales ponen ahora a nuestro alcance millones de *narrativas alternativas* en competición con las de los grandes medios tradicionales. Aquellas personas que no se atrevían a expresar algo porque era ilegal, inmoral, estaba mal visto o era políticamente incorrecto, ahora constatan que "¡mucha gente piensa como yo!"... Y se desinhiben. De ese modo, las redes favorecen la creación de comunidades a veces con ideas de odio, racistas, machistas, supremacistas, antisemitas. Porque cada vez hay menos *puntos fijos informativos* que sirvan de referencia. Por haber abusado de manipulaciones, de ocultaciones y de mentiras,[135] en los últimos treinta años, el periodismo y su credibilidad se debilitaron y, en gran medida, se derrumbaron.[136]

Ucrania y la *guerra cognitiva*

El comportamiento de los grandes medios con respecto a la reciente guerra de Ucrania, iniciada el 24 de febrero de 2022, confirmó que no son de fiar. Como se sabe, cuando comienza un conflicto armado arranca un relato mediático plagado de desinformaciones, cuyo objetivo principal es la seducción de las almas y la captación de sentimientos para ganar los corazones y cautivar las mentes. No se trata de informar. De ser objetivo. Ni siquiera de ser neutro. Cada bando va a tratar de imponer –a base de propaganda y toda suerte de trucos narrativos– su propia crónica de los hechos, a la vez que busca desacreditar la versión del adversario. Las mentiras que ambos bandos difundieron sobre el conflicto de Ucrania no fueron, en el fondo, muy diferentes de las que ya vimos en otras guerras.[137] Se repitió la histeria bélica habitual en los medios, la proliferación de censuras, de *fake news*, de posverdades, de intoxicaciones, de artimañas, de manipulaciones.

La conversión de la información en propaganda es ya conocida y ha sido estudiada, en particular, en los conflictos de los últimos cincuenta años.[138] Quizás ya con la guerra de Vietnam, en las décadas de 1960 y 1970, se alcanzó el zenit de la sofisticación en materia de mentiras audiovisuales y manipulaciones mediáticas. Con la guerra de Ucrania, los grandes medios de masas, en particular los principales canales de televisión, fueron de nuevo enrolados –o se enrolaron de manera voluntaria– como un combatiente o un militante más en la batalla. Hay que añadir que los *laboratorios estratégicos* de las grandes potencias, en el marco de la reflexión sobre las nuevas "guerras híbridas", están también tratando de conquistar *militarmente* nuestras mentes. Un estudio de 2020 sobre una nueva forma de "guerra del conocimiento", titulado *Cognitive Warfare* (guerra cognitiva), del contraalmirante francés François du Cluzel,[139] financiado por la Organización del Tratado del Atlántico Norte (OTAN), expone lo siguiente: "Si bien las acciones realizadas en los cinco dominios militares (terrestre, marítimo, aéreo, espacial y cibernético) se ejecutan para obtener un efecto sobre los seres humanos, el objetivo de la 'guerra cognitiva' es convertir a cada persona en arma". Los seres humanos son ahora el dominio en disputa. El objetivo es *piratear el individuo* aprovechando las vulnerabilidades del cerebro humano, utilizando los recursos más sofisticados de la ingeniería social en una mezcla de guerra psicológica y guerra de la información.

"Esa *guerra cognitiva* no es solo una acción contra lo que pensamos –precisa François du Cluzel–, sino también una acción contra la forma en que pensamos, el modo en que procesamos la información y cómo la convertimos en conocimiento". En otras palabras, la guerra cognitiva significa la militarización de las ciencias del cerebro. Porque se trata de un ataque contra nuestro procesador individual, nuestra inteligencia, con un objetivo: penetrar en la mente del adversario y hacer que nos obedezca. "El cerebro –enfatiza el informe– será el campo de batalla de este siglo XXI".[140]

Durante el conflicto de Ucrania, en Estados Unidos y en Europa, los grandes medios de masas estuvieron *combatiendo* –y no informando– en favor esencialmente de lo que podríamos llamar la posición occidental. Sin embargo, dentro de esa normalidad propagandística, pudimos asistir a un fenómeno nuevo. De modo inaugural, en la historia de la información de guerra, en primera línea del frente mediático, intervinieron las *redes sociales*. Hasta entonces, en tiempos bélicos, las redes no habían tenido la misma importancia.

¿Cuál fue el último conflicto de esta envergadura en el mundo? Desde 1945, final de la Segunda Guerra Mundial, o desde la guerra de Corea a principios de los años cincuenta, no se había producido en el mundo una conflagración militar de dimensiones semejantes a la de Ucrania.

Con la guerra de Ucrania, los ciudadanos no solo se vieron confrontados a la habitual histeria bélica colectiva y permanente de los grandes medios tradicionales, a su discurso coral uniforme (y en uniforme), sino que todo eso les llegaba, por primera vez, en sus teléfonos, en sus tabletas, en sus computadoras de bolsillo... Ya la pantalla del televisor del salón no tuvo el mismo protagonismo. Ya no solo eran los periodistas sino las amistades, los familiares, los mejores amigos quienes contribuían también, mediante sus mensajes en las redes, a amplificar la incesante narrativa coral de discurso único. Con la guerra de Ucrania emergió una nueva dimensión emocional, un nuevo frente de la batalla comunicacional y simbólica que hasta entonces no existía en tiempos de guerra.

Por ejemplo, el asalto al Capitolio que estamos analizando y que fue, como ya dijimos, una tentativa de golpe de Estado constituyó un acontecimiento de primera magnitud desde el punto de visto *político*. Pero no militar. Y ese ataque, como vemos, sí fue el resultado de una gran confrontación previa en las redes sociales, en la que los fanáticos conspiracionistas leales a Donald Trump lograron imponer la tesis de un gran engaño electoral que nunca existió. A lo largo del controvertido mandato del magnate republicano se produjo una encendida batalla frontal, en las redes, por el control del relato: una confrontación digital de gran envergadura para desinformar, tratar de imponer una falsa verdad complotista y ocultar la realidad de las urnas. Ahí, las redes fueron absolutamente decisivas.

Pero en un enfrentamiento militar de las dimensiones de la guerra de Ucrania, hasta entonces, las redes no habían tenido protagonismo. Lo tuvieron en ese conflicto por primera vez en la historia de la información. También, por vez primera, se produjo esa decisión de Google de sacar de la plataforma a medios del "adversario ruso" como *RT* (*Russia Today*) y *Sputnik*, mientras Facebook e Instagram declaraban que tolerarían "mensajes de odio" contra los rusos[141] y Twitter tomó la decisión de "advertir" sobre cualquier mensaje que difundiera noticias de medios afiliados a Moscú, y redujo en forma significativa la circulación de esos contenidos,[142] cosa que no hizo con quienes apoyaban a Ucrania y a la OTAN. Eso no se había producido nunca hasta entonces, lo que pone en evidencia la hipocresía sobre la supuesta libertad de expresión o sobre la neutralidad de las redes.

Todo eso confirmó que, si el conflicto de Ucrania era una guerra *local* en el sentido de que el teatro de operaciones estaba efectivamente localizado en un territorio geográfico preciso, por lo demás era una guerra *global*, mundial, en particular por sus consecuencias digitales, comunicacionales y mediáticas. En esos frentes, Washington, como en la época del macartismo y la "caza de brujas", enroló a los nuevos actores de la geopolítica internacional, o sea, a las megaempresas del universo digital: las GAFAM (Google, Apple, Facebook, Amazon, Microsoft). Esas hiperempresas –cuyo valor en Bolsa es superior al producto interior bruto (PIB) de muchos Estados del mundo– se retiraron de Rusia y se alistaron de manera voluntaria en la guerra contra Moscú.

Eso fue una novedad. Hasta ese conflicto conocíamos la actitud partidaria y militante de los grandes medios que, en caso de guerra, se alineaban con uno de los beligerantes y abandonaban todo sentido crítico para comprometerse de manera unilateral y defender los argumentos de una sola de las potencias enfrentadas. O ignoraban y silenciaban por completo un conflicto (Palestina, Yemen, Donbass, Tigré).[143] Lo nuevo es que, por primera vez, las redes sociales hicieron lo mismo, lo cual acabó por confirmar que los verdaderos medios dominantes hoy, los que imponen efectivamente el relato, son las redes sociales.

Activistas digitales

La causa de todo la tiene, sin duda, esa increíble aptitud de los seres humanos de imaginar historias inverosímiles, incluso cuando en el fondo sabemos que son falsas. Un estudio realizado por el Instituto Tecnológico de Massachussets (MIT), publicado por la prestigiosa revista *Science*, confirmó que las noticias falsas poseen más de un 70% de posibilidades de ser compartidas en las redes sociales que las noticias verdaderas: "La falsedad se difunde significativamente más lejos, más rápido, más profundamente y más ampliamente que la verdad, en todas las categorías de información. Y los efectos son más pronunciados para las noticias políticas falsas que para noticias falsas sobre terrorismo, desastres naturales, ciencia, leyendas urbanas o información financiera", aclaran los autores del estudio.[144]

Por definición, las redes sociales no están hechas para informar, sino para emocionar. Para opinar, no para matizar. En las redes circulan muchos textos y documentos de calidad, testimonios, análisis, reportajes, y estas retoman muchos excelentes documentales, videos, artículos de la prensa y de los medios existentes. Pero la manera de consumir contenidos en las redes (aunque cada una de ellas tiene su propia especificidad) no es pasar el tiempo leyendo o viendo la integralidad de los documentos que uno recibe. Los usuarios de las redes no buscan respuestas sino preguntas. No desean leer. No son receptores *pasivos* como los de la radio o la televisión. Las redes están hechas sobre todo para *actuar*. El ciudadano o la ciudadana que usa las redes lo que quiere hacer es *compartir* o *adherir* dando *like*. El placer del internauta, lo que a este le gusta es comunicar, transmitir, reenviar, difundir... La red, en realidad, funciona como una *cadena digital*. Cada usuario se siente *eslabón*, vínculo, enlace, con la obligación de expresarse, de opinar, de conectar, comentar, remitir, enviar, pasar, repercutir...

Lo que más circula y mayor influencia tiene en algunas redes (Facebook, Twitter, Instagram, TikTok) son los memes, o sea, especies de gotas, de haikús, de resúmenes muy reducidos, muy sintéticos, muy caricaturales de un tema... Es lo que más se comparte. Los memes funcionan como si, en la prensa escrita, las informaciones se redujesen únicamente a los títulos de los artículos, y no hubiera necesidad de leerlos. Cada uno de nosotros puede hacer la experiencia: cuelgue en su red preferida el mejor texto, el video más completo, más inteligente y honesto que pueda haber sobre, por ejemplo, la guerra de Ucrania, y verá que, a lo sumo, puede alcanzar algunas decenas de *likes*... Pero si coloca un buen meme eficaz y novedoso, que, por su creatividad y originalidad, impacta y provoca a la vez risa y sorpresa, su velocidad de transmisión será impresionante. Si se habla de difusión viral no es por casualidad.

Cuando, por ejemplo, el domingo 27 de marzo de 2022, en plena ceremonia de los Oscar, en Hollywood, ante millones de telespectadores, el actor Will Smith le asestó, en vivo y en directo, un tremendo bofetón al cómico Chris Rock, la imagen de esa escena, convertida de inmediato en meme, se difundió a la velocidad del rayo por el mundo, saturó todas las redes y prácticamente ocultó, durante varios días, todas las demás noticias, incluso las de la guerra de Ucrania, entonces en plena intensidad.

El deseo compulsivo de compartir, de difundir es lo que hace que las redes consigan propagar masivamente un *sentimiento general*, una *interpretación dominante*, una *opinión* sobre cualquier tema. Ese sentimiento es el que, poco a poco, consigue imponerse en todo un sector de la sociedad. Esa es una de las grandes diferencias entre las redes y los medios tradicionales.

Lo que excita a los usuarios de las redes es comportarse como *activistas digitales* con una *misión*, una *encomienda*: publicar y propagar noticias que confirman o parecen confirmar lo que ellos y sus amigos piensan. No se trata de difundir la verdad, se trata de retransmitir lo que se supone que la gente amiga desea leer. En ese sentido, las falsedades son más *novedosas* que la verdad. Por ello se comparten más.[145]

4. Una historia de la verdad

En sus cursos del Collège de France, el filósofo francés Michel Foucault acostumbraba a decir que la verdad, a lo largo de los tiempos, contrariamente a lo que se cree, no ha sido ni absoluta, ni estable, ni unívoca: "La Verdad tiene una historia –afirmaba– y esa historia, en Occidente, se divide en dos períodos: la edad de la verdad-relámpago, y la edad de la verdad-cielo".[146]

Desde los orígenes de la humanidad hasta el siglo XVIII dominó la *verdad-relámpago*, o sea, la "verdad revelada" que se manifiesta en un lugar preciso, en un momento preciso y por la intermediación de una persona precisa. Por ejemplo, en la Grecia antigua, en el oráculo dedicado al dios Apolo, en Delfos, la pitonisa Pitia, el día siete de cada mes, poseía el don de predecir el futuro… Y eso no se discutía.

Esa verdad-relámpago la expresan, asimismo, en las religiones animistas, el hechicero y el chamán cuando *traducen* o *interpretan* los mensajes de una divinidad en materia de salud, de sentimientos o de destino. Para los católicos, esa verdad-relámpago es la que manifiesta también el papa, en el Vaticano, cuando habla *ex cathedra*, incluso hoy.

La pasión por la "verdad revelada" ha engendrado, durante milenios, generaciones de fanáticos y de idólatras, azote de heréticos e infatigables armadores de inquisiciones. En esa verdad-relámpago aún creen (aunque lo ignoren) todos aquellos –y son millones– que consultan a diario el horóscopo. O los que compran asiduamente lotería a un vendedor preciso, en un kiosco preciso y apostando por un número preciso.

La *verdad-cielo* es la que se manifiesta en todo lugar, siempre, y para cualquier persona. En otras palabras, es la verdad de la Ciencia. La de Galileo, de Copérnico, de Newton, de Einstein. En principio, es absoluta, más allá de las circunstancias. Empezó a sustituir a la verdad-relámpago en el siglo XVIII, en Europa, en la época de las Luces y la Ilustración, a medida que la racionalidad metódica se fue imponiendo en las universidades y en los círculos intelectuales. En esa verdad-cielo se fundamenta, desde hace tres siglos, lo que llamamos el progreso moderno, científico y técnico. Pero hoy, esa verdad-cielo está en crisis.

Y lo está porque ella también ha suscitado sus violentos fanatismos, en particular políticos. En nombre de la diosa Razón, la Revolución francesa instauró el Terror y guillotinó a miles. El colonialismo y sus crímenes se fundamentaron, en el siglo XIX y primera mitad del siglo XX, sobre la base "científica" de que los europeos eran una "raza superior". El Tercer Reich hitleriano se apoyó en una interpretación racista de las "ciencias biomédicas" para llevar a cabo el monstruoso intento de exterminio de los judíos, de los gitanos y de las personas con discapacidad de Europa. Y en la Unión Soviética, el estalinismo promovió el mito del *lyssenkismo*, una absurda "nueva ciencia genética" según la cual las plantas podían ser modificadas por el ambiente al que se encontraran expuestas, sin tener en cuenta su herencia genética,[147] lo que causó, en varias regiones de la URSS, en particular en Ucrania, unas hambrunas apocalípticas.

En los años noventa, el físico Gerald Holton, profesor en la Universidad de Harvard (Estados Unidos), en su conocido libro *Ciencia y anticiencia*,[148] ya avisaba que el populismo, la propaganda, la irracionalidad y el nacionalismo constituían los ingredientes perfectos para poner en duda la lógica científica, y para apuntalar de ese modo las doctrinas de sistemas políticos mágico-autoritarios. También, en 1995, el célebre astrofísico Carl Sagan anunció —en su obra *El mundo y sus demonios*—[149] que, en nuestras sociedades contemporáneas, a medida que las tecnociencias iban ganando terreno, se multiplicaban paradójicamente las actitudes pseudocientíficas, anticientíficas y conspiracionistas.

La verdad-cielo también está en crisis porque en ella se basa fundamentalmente el "progreso industrial", y este ha sido causante de una serie de grandes catástrofes ecológicas en todo el planeta: Three Miles Island, Seveso, Bhopal, Chernóbil, Dacca, Tianjín, Fukushima, lo cual ha demolido, en la mente de muchos, la esperanza en la ciencia moderna y en su capacidad para edificar –como soñaban los ingenieros del siglo XIX y los "socialistas científicos"– un "mundo perfecto".

La mentira como norma

Lo cierto es que, en el nuevo ecosistema de la comunicación, esa verdad-cielo ya no parece necesaria. Lo demostró también la campaña electoral victoriosa de Donald Trump en 2016. El culto de la mentira y la difusión de "propaganda gris", o sea, de noticias falsas, se convirtieron, a partir de entonces, en una práctica regular y habitual al más alto nivel. Jamás en la historia de Estados Unidos el candidato presidencial favorito de los sondeos se había transformado en la fuente principal de informaciones espurias.

Según el verificador de hechos del diario *The Washington Post*, durante los cuatro años de su mandato, el presidente republicano faltó a la verdad más de treinta mil quinientas veces.[150] En sus discursos, afirmó, por ejemplo, que el papa Francisco lo apoyaba. Era falso. Repitió que Barack Obama había nacido en Kenia. Otra mentira. Afirmó que millones de musulmanes habían festejado el ataque contra las Torres Gemelas. Falacia. Afirmó que la representante demócrata de Minnesota, Ilhan Omar, había expresado su apoyo al grupo terrorista Al Qaeda. Embuste. Repitió más de cien veces que, antes de su presidencia, Estados Unidos tuvo, durante años, un déficit comercial anual de quinientos mil millones de dólares con China. Falso. Reiteró que el ruido de los molinos de energía eólica "causa cáncer". Absurdo. Repitió decenas de veces que Hillary Clinton era una "nueva encarnación del demonio", que había "vendido misiles y armas sofisticadas a los terroristas de Daesh", que le había "pagado millones de dólares al director del FBI para que la ayudara en su campaña" contra él y, por último (sobre ello hablaremos más adelante), que dirigía ¡"una red de pornografía infantil desde una pizzería"! ¡Y el 42% de los estadounidenses le creyó!...

Hoy sabemos que Trump utilizó empresas como Cambridge Analytica, especializada en el análisis de datos a gran escala (*big data*) mezclando tratamiento cuantitativo de informaciones con elementos de psicometría y de psicología comportamental, para cambiar la intención de voto de millones de electores.[151]

También se apoyó en verdaderas oficinas de elaboración de bulos que le fabricaron algunas de las *fake news* que difundió, como, por ejemplo, una comunidad de Facebook, "Ending the Fed", cuya sede se hallaba en Rumanía, dirigida por un joven de 24 años, Ovidiu Drobota, y que contaba con millones de seguidores.[152] De esa manera, Trump *normalizó* la mentira, reduciendo las expectativas de veracidad. Mentía tanto que las agencias de verificación de datos no daban abasto; no conseguían seguir su ritmo. De tal modo que cada nuevo embuste del mandatario, al ser más enorme y más escandaloso, volvía el precedente más aceptable.

"Los hechos ya no importan"

A partir de ahí, los *hechos objetivos* dejaron de tener la misma importancia. Y empezó a imponerse la *posverdad*.[153] Ese concepto, así como los de *verdad alternativa* y de *fake news*, se ha generalizado, sobre todo desde que, como lo explica una politóloga, *cuatro eventos electorales* cambiaron para siempre, en 2016, la historia de la información: "El referéndum sobre el Brexit en junio de 2016 en el Reino Unido; el plebiscito sobre el acuerdo con las FARC en Colombia en octubre de 2016; la campaña y el definitivo éxito de Donald Trump en las elecciones presidenciales de los Estados Unidos en noviembre de 2016, y el referéndum constitucional en Italia en diciembre de 2016. Estos cuatro ejemplos paradigmáticos de cuatro eventos políticos cuyos resultados descolocaron todos los pronósticos 'lógicos' y 'esperables', contribuyeron notablemente a incrementar el uso de la palabra posverdad, a partir de 2016".[154]

Ya en julio de ese año, Newt Gingrich, uno de los líderes del ala ultraconservadora del Partido Republicano, explicaba el impacto comunicacional de Donald Trump de la siguiente manera: "Los hechos ya no importan. Las estadísticas teóricamente pueden ser correctas, pero no es donde están los seres humanos. La gente está asustada. Los ciudadanos sienten que su gobierno los ha abandonado. Veinticinco millones de americanos se han descolgado de la clase media…, Y ese drama hay que expresarlo no solo con hechos sino con sentimientos".[155]

Arron Banks, el principal financiador en el Reino Unido de la exitosa y mentirosa campaña del referéndum en favor del Brexit en junio de 2016, confirmaba esta "crisis de los hechos": "Los hechos ya no funcionan –declaró– y eso es todo. La campaña de nuestros adversarios, en favor del mantenimiento del Reino Unido en el seno de la Unión Europea, presentaba hechos, hechos, hechos y más hechos… Simplemente no funcionó. Tienes que conectar con la gente *emocionalmente*. Eso explica también el éxito de Trump".[156]

Ese año, en Alemania, Angela Merkel y su partido cristianodemócrata (CDU) sufrieron un fuerte revés electoral: "La derrota más importante que sufre la CDU desde 1948".[157] La canciller alemana la justificó de la misma manera: "Vivimos tiempos *posfactuales*. La gente ya no se interesa por los hechos, sino por los sentimientos y las emociones".[158] Con cierta fatalidad, el lingüista y filósofo Noam Chomsky acabó también por admitir: "La gente ya no cree en los hechos".[159] Y, finalmente, el 3 de abril de 2017 –una fecha que habrá que recordar en la historia de la comunicación–, el semanario estadounidense *Time* concluyó preguntándose a plena portada, con grandes letras rojas sobre fondo negro de luto: "¿Ha muerto la verdad?" (*Is truth death?*), parafraseando la célebre afirmación de Nietzsche cuando, en 1883, anunció: "Dios ha muerto".

Todos estos fenómenos han creado una inmensa confusión en la opinión pública.[160] Apaleados por el cataclismo social, y asustados por la pandemia de covid-19, muchos ciudadanos estadounidenses de la clase media blanca se ven, además, azotados por incesantes ráfagas de memes, *verdades emocionales* e *informaciones ficticias*... No encuentran certidumbres ni explicaciones claras a su inconsolable desgracia. Los memes, como ya explicamos, se difunden con una rapidez viral y pueden alcanzar una popularidad planetaria sin que ello tenga nada que ver con sus atributos de veracidad. La posverdad supone también la relativización de lo cierto, la intrascendencia de la objetividad de los datos, y la supremacía del discurso emotivo.[161]

El sentido de la pertenencia

Para comprender el auge de las teorías conspirativas también hay que tener en cuenta, por otra parte, que muchos individuos están absolutamente convencidos, en virtud de lo que se llama el "efecto Dunning-Kruger",[162] de que dominan un tema. Y tienden a sobreestimar sus conocimientos, sus habilidades y sus capacidades. A estas personas, los relatos complotistas, por absurdos que sean, no les plantean problemas de lógica o de racionalidad. Al contrario, ellas se creen más listas porque comparten en sus redes esas tesis y sorprenden a muchas de sus amistades que nunca hubieran dado crédito a semejantes fábulas de no haberlas recibido de un "amigo".

Aunque también es cierto, como ya dijimos, que, con frecuencia, algunos comparten información falsa sobre cualquier teoría sin que, en el fondo, se la crean.[163] O sea, que aunque sepamos que no es cierta, si una tesis va en el sentido de lo que estamos defendiendo, nuestra impulsión será compartirla. En una investigación publicada en la revista británica *Nature*,[164] un equipo de psicólogos rastreó a miles de internautas que interactuaban en las redes con información falsa. A los republicanos que participaron en el estudio se les mostró el siguiente titular falso sobre extranjeros migrantes que intentaban ingresar a Estados Unidos: "Más de 500 migrantes de una caravana fueron arrestados con chalecos explosivos suicidas". Y, en su mayoría, lo identificaron como falso. Solo el 16% lo calificó de veraz. Pero cuando los investigadores preguntaban a quienes lo consideraban falso si compartirían en sus redes el titular, el 51% dijo que sí lo harían. "La mayoría de la gente no quiere difundir información errónea –concluyeron los autores del estudio–. Pero el contexto de las redes sociales centra su atención en factores distintos a la veracidad y la exactitud".

Para la socióloga americano-turca Zeynep Tüfekçi, profesora de Ciencias de la Información en la Universidad de Carolina del Norte (Estados Unidos), el sentido de la pertenencia a un grupo es más fuerte que los hechos. Cuando interactuamos en las redes, explica la doctora Tüfekçi, "es como si escucháramos a los hinchas del equipo contrario mientras estamos sentados con nuestros propios compañeros fanáticos en un estadio de fútbol. En las redes, estamos conectados con nuestras comunidades y buscamos la aprobación de nuestros compañeros de ideas afines. Nos vinculamos con nuestro equipo gritando o insultando a los fanáticos del otro".[165] No estamos ahí para matizar, argumentar, tolerar. Estamos en una lógica de choque frontal. Por eso, añade, los diferentes proyectos de verificación de los hechos en las noticias, por muy válidos que sean, no convencen a la gente.

Pensamientos mágicos

Y la inteligencia no constituye forzosamente una protección absoluta contra los relatos fantasiosos. Es conocido, por ejemplo, el caso de Steve Jobs, el genial presidente de Apple, a quien detectaron una forma muy rara de cáncer de páncreas. Jobs decidió tratarse con sesiones de acupuntura, espiritismo y zumos naturales. Falleció a los pocos meses. Cuando le preguntaron a su biógrafo cómo un hombre tan inteligente como Steve Jobs pudo hacer una cosa tan absurda, respondió: "Él creía que si ignoras algo, si no quieres que eso exista, hay un pensamiento mágico que lo elimina".[166]

Podríamos definir el "pensamiento mágico" como una forma de razonamiento basado en la idea de que cuando nuestro cerebro se concentra muy intensamente en algo, posee el poder de realizar un deseo, de impedir una desgracia o de solucionar un problema, *sin ninguna intervención material*. Es característico de la mentalidad precientífica primitiva, o de la de los niños.

Lo atestiguan antropólogos y psicólogos. "El hombre primitivo –explica, por ejemplo, Sigmund Freud– posee una confianza desmesurada en la potencia y la fuerza de sus deseos. En el fondo, todo lo que desea obtener mediante argumentos mágicos debe acontecer porque él lo quiere";[167] una descripción que se aplica muy bien a la propia psicología de Donald Trump, a quien algunos psiquiatras han descrito como un individuo de "pensamiento desiderativo".[168] Sumergido en su mundo de irrealidades, el magnate republicano adopta decisiones según lo que le agrada imaginar o lo que emana de su deseo. Y no de una observación racional y objetiva de la realidad.

Una "camarilla mundial"

De todos modos, nada resulta más vano que intentar sacar a un creyente de su convicción. Cuando a alguien se le mete en la cabeza una teoría conspiracionista, como ya lo explicamos, da igual todas las pruebas científicas u objetivas que se le aporten para disuadirlo. Al contrario, esas "pruebas" puede que se la confirmen aún más. Incluso la ausencia total de pruebas... Si no las hay, eso solo le demostrará cuán hábilmente los "conspiradores" han sabido borrar sus huellas. Todos los filósofos saben que, en lógica pura, es muy difícil demostrar que algo *no* existe.

Por ejemplo, en 2003, las autoridades estadounidenses inventaron un falso relato según el cual había armas de destrucción masiva en Irak y esa fue la justificación para atacar ese país y derrocar a su presidente, Sadam Husein. Repitieron esa mentira con tanta insistencia que cuando, más tarde, se comprobó materialmente –científicamente– que *no* había armas de destrucción masiva en Irak, muchos estadounidenses *no* se lo creyeron. Doce años después, en 2015, una encuesta de opinión demostró que el 42% de los estadounidenses (51% de los electores republicanos) seguían pensando que las tropas norteamericanas habían hallado, efectivamente, armas de destrucción masiva en Irak.[169]

Ya lo dijimos: cuando una persona cree en un relato complotista, piensa que es irrefutable. Poco le importan los informes avalados por expertos o por instituciones académicas. Le da lo mismo. El adepto a una tesis de la conspiración va a llevar siempre la razón, le digan lo que le digan, cualesquiera que sean los argumentos que le opongan.

Otro mensaje común de todas estas teorías es que la mejor manera de protegerse contra las manipulaciones de esa *camarilla encubierta* que rige en la penumbra nuestros destinos consiste en descubrir las "verdades secretas" que "ellos" no desean que conozcamos. "Las teorías de la Camarilla Mundial –explica Yuval Noah Harari– son capaces de atraer a grandes grupos de seguidores, en parte porque ofrecen una sola explicación sin rodeos para una infinidad de procesos complicados. Las guerras, las revoluciones, las crisis y las pandemias sacuden todo el tiempo nuestras vidas. Sin embargo, si creo en algún tipo de teoría de la Camarilla Mundial, disfruto la tranquilidad de sentir que lo entiendo todo. La llave maestra de la teoría de la Camarilla Mundial abre todos los misterios del mundo y me ofrece una entrada a un círculo exclusivo: el grupo de personas que entienden. Nos hace más 'inteligentes' y 'sabios' que la persona promedio, e incluso me eleva por encima de la élite intelectual y la clase gobernante: los profesores, los periodistas, los políticos... Veo lo que ellos omiten... o lo que intentan ocultar".[170]

Pero, a veces, a medida que pasa el tiempo, nutrirse de conspiraciones ya no consigue saciar nuestra avidez mental sino que –igual que una droga que, tomada habitualmente, deja de hacer efecto– puede acrecentar las sensaciones de impotencia o de pánico. Y ello empuja a buscar nuevas teorías aún más radicales, más extremas, más delirantes, como los drogadictos que consumen dosis cada vez más altas y más fuertes.

5. Del terraplanismo al *Pizzagate*

La mejor prueba de esto es que, en el curso del último decenio, a medida que se masificaba el uso de las redes sociales y que se imponía la posverdad, se disparaba en todo el mundo el número de teorías conspirativas.[171] En Estados Unidos, algunas de las que más circularon argumentaban, por ejemplo, que el sida era una *creación intencional* de la industria farmacéutica *con apoyo de la CIA* y de otras agencias del gobierno para eliminar a afrodescendientes y homosexuales.[172] Otras pretendían que algunos avistamientos de objetos voladores no identificados (OVNI), como en el caso Roswell,[173] eran planeados o escenificados por el propio Pentágono para distraer al público y *ocultar la verdad* sobre el *contacto real con los alienígenas.*[174]

También se extendió la creencia en una "conspiración de los reptilianos", muy difundida a partir de un libro del escritor británico David Icke.[175] Según esta teoría,[176] unos reptiles venidos hace milenios de la galaxia Draco poseen la aptitud de transformarse en humanos a voluntad, con el fin de infiltrarse específicamente en las altas esferas del poder en la Tierra. Las élites mundiales (jefes de Estado, magnates, celebridades) estarían controladas, *desde hace miles de años,* por estos lagartos extraterrestres de apariencia humana, ocultos entre nosotros con un objetivo exclusivo: subyugarnos a su voluntad y esclavizar a la humanidad.[177]

Después de los atentados del 11 de septiembre de 2001 se difundió en todo el mundo la tesis alucinante de que se trataba de una "gran impostura"[178] organizada por el propio gobierno de Estados Unidos. Otra narrativa complotista muy compartida, y que ilustra bien la paranoia de la "camarilla mundial", es la que define al Club Bilderberg[179] como el "responsable total de todo", el "gobierno secreto mundial" que mueve, en la sombra, los hilos del verdadero poder planetario.[180]

La teoría de la Tierra plana

Durante la campaña electoral de Donald Trump, en 2016, resurgieron múltiples pensamientos mágicos en un nuevo amanecer de los hechiceros. Quizás la tesis más delirante que se amplificó entonces, y que no ha dejado de ganar adeptos, fue la de la Tierra plana. Un fenómeno sin duda marginal pero bastante significativo del *clima de desconfianza epistémica hacia cualquier verdad establecida* surgido en esos años. Y de la atmósfera conspirativa que Trump contribuyó a alentar con sus propios delirios sobre las "verdades alternativas". Estas presuponen que habría que darles, a dos versiones de una información controvertida, el mismo grado de veracidad. O sea, "tú tienes tu verdad, yo tengo la mía. Aunque sean contradictorias, mi verdad es tan verdadera como la tuya. Y viceversa", lo cual es exactamente lo contrario de un razonamiento científico.

Para los terraplanistas, la Tierra no es una esfera sino un plano circular, como un disco o un platillo, con centro pero sin polos. En medio del círculo se situaría el Ártico, que constituiría el eje en torno al cual giraría el platillo Tierra, que ocupa el *centro del universo.* En consecuencia, la Antártida rodearía como un blanco acantilado helado todo el disco y abarcaría todo su borde. De ahí la idea de que la Tierra está circundada por una muralla de hielo, como en la serie *Juego de tronos.*

Los terraplanistas aseguran que existe una gran conspiración para hacernos creer que nuestro planeta es una esfera. Argumentan que si se coloca un instrumento de medición (un nivel de albañil, por ejemplo) en un avión a cualquier altura, se puede probar que la línea del horizonte de la Tierra sigue horizontal, no se curva. Creen que todo lo publicado por la NASA es mentira, que el hombre no ha viajado jamás al espacio y que, por supuesto, nunca ha pisado la Luna. La NASA retocaría en permanencia, digitalmente, las imágenes de sus satélites para hacernos creer que la Tierra es esférica. Según los adeptos de este relato, existe un gran complot para mantener la verdad de la Tierra plana ajena a los ciudadanos. Consideran que nos tienen engañados, manipulados, y que toda nuestra vida es como una emisión de telerrealidad que transcurre encerrada en una estructura de tipo cúpula o domo al estilo de la película *El show de Truman*...[181] "Plantear que la Tierra es plana te abre la puerta para entender la mentira en la que vivimos y la esclavitud en la que estamos –afirma, por ejemplo, el activista argentino Iru Landucci, el mayor defensor de habla hispana del terraplanismo–.[182] La Tierra es un disco flotando. Son cosas que no se pueden comprobar científicamente. ¿Por qué no podemos atravesar la Antártida? ¿Por qué hay tanta militarización y tanta prohibición allí? Hasta los Rockefeller están metidos... ¿Qué pasa? ¿Hay más tierra después de la Antártida? ¿Somos nosotros una especie de granja, y habría otros mundos? La realidad es que no somos un planeta; nadie salió nunca afuera del sistema para verlo".[183]

Un bombardeo de videos[184] y de mensajes en las redes difunde en permanencia estas ideas por absurdas que parezcan. Resultado: los adeptos del terraplanismo son cada día más numerosos. Es significativo que la Primera Convención Mundial (Flat Earth International Conference) destinada a cuestionar la idea de que la Tierra es esférica se haya celebrado en Raleigh, Carolina del Norte, en noviembre de 2017, o sea, durante el primer año del mandato de Donald Trump. Algunas de las ponencias que se expusieron en esa convención llevaban títulos bien expresivos: "La NASA y otras mentiras espaciales", "Tierra Plana con método científico", "Despertarse de las mentiras de la corriente científica dominante". Casi todos los oradores condenaron, además, como "erróneas" la teoría darwinista de la evolución y la tesis del Big Bang sobre el origen del universo.[185] Unos quinientos participantes asistieron a esa convención en Raleigh.[186] Nadie sabe cuántas personas en realidad suscriben al relato de la Tierra plana. Los ciudadanos estadounidenses que confiesan tener dudas sobre la redondez de la Tierra serían un 5% de la población,[187] es decir, unos quince millones de personas. Y la idea se extiende a la velocidad de los memes. En Brasil, por ejemplo, el fenómeno del terraplanismo también se ha disparado, y se calcula que los adeptos de esa tesis son más de catorce millones. Algunos miembros del propio gobierno del presidente brasileño Jair Bolsonaro, negacionistas de cuestiones científicas como el cambio climático, defendieron públicamente el terraplanismo. Tampoco es casualidad que la Primera Convención Internacional en América Latina de la Flat Earth Society se celebrara, en noviembre de 2019, en San Pablo. A ello contribuyó también la influencia de un extraño personaje, Olavo de Carvalho,[188] astrólogo y gurú intelectual del presidente Bolsonaro, terraplanista confeso,[189] que acostumbraba también a afirmar, atacando el movimiento en favor del aborto, que "la Pepsi Cola es endulzada con fetos abortados".[190]

El *Pizzagate*

A lo largo de 2016, a medida que la campaña electoral entre la demócrata Hillary Clinton y el republicano Donald Trump fue endureciéndose, los ataques entre ambos candidatos se hicieron más brutales. En ese contexto, cuando se iniciaba un nuevo capítulo de la era de la desinformación, y cuando nacían –como ya lo señalamos– los conceptos de posverdad y de *fake news*, surgió uno de los relatos conspiracionistas más extravagantes y más difundidos por los fanáticos del empresario inmobiliario: el llamado *Pizzagate*.

Todo empezó en marzo de 2016, cuando el sitio web fundado por Julian Assange, Wikileaks, para perjudicar a la candidata demócrata, divulgó unos treinta mil correos electrónicos, *hackeados* del servidor de una mensajería privada de Hillary Clinton, de la época en que ella era secretaria de Estado (2009-2013).[191] En Estados Unidos, una ley prohíbe que legisladores y altos funcionarios utilicen un correo electrónico personal para comunicar sobre asuntos ligados a su función. El Estado pone a su disposición un correo electrónico oficial, ya que, según el Acta de Registros Federales de 1950, todos los mensajes oficiales intercambiados son propiedad de la administración y pueden ser objeto, en el futuro, de consultas públicas. Con la creación de su servidor personal, Hillary Clinton había decidido, sin consultar con nadie, lo que debía entregarse o no a la administración. Se armó un tremendo escándalo mediático.

Un informe del inspector general del Departamento de Estado juzgó que Hillary no tenía autorización para utilizar un servidor de correo electrónico privado para gestionar asuntos gubernamentales mientras era secretaria de Estado. Por su parte, el FBI llevó a cabo una investigación en paralelo, y su director, James Comey, concluyó en un primer momento que no había materia para llevar a Hillary Clinton a juicio. Finalmente, el Departamento de Justicia cerró el caso sin presentar cargos. Pero todo esto, en el arranque de lo que ya se vislumbraba como una disputadísima campaña electoral, dio lugar a un gigantesco alboroto mediático que, en cierta medida, fundó la nueva edad del complotismo.

En octubre siguiente, o sea, un mes antes de las elecciones presidenciales, se produjo un inesperado golpe de teatro: James Comey, el director del FBI, pidió que se reabriera la investigación sobre la mensajería personal de la exsecretaria de Estado. El pretexto era que habían hallado, en la computadora de un dirigente del Partido Demócrata, Anthony Weiner, "datos sensibles" procedentes del correo electrónico personal de Hillary. Con la siguiente particulari-

dad: Anthony Weiner era el exesposo de la asesora más cerca-
na a Hillary, Huma Mahmood Abedin, una mujer de origen
pakistaní y de religión musulmana. Y con la agravante de que
Anthony Weiner estaba investigado por haber enviado, desde
esa misma computadora, mensajes de carácter sexual a una
niña menor de 15 años.

Todos los ingredientes parecían entonces reunidos para la
fabricación de la narrativa complotista. Muy pronto comenzaron a aparecer en Facebook, bajo falsas identidades, publi-
caciones a partir de fuentes pretendidamente "fidedignas",
falsamente emitidas desde el "seno mismo del Departamento
de la Policía de Nueva York". Daban cuenta de la supuesta
existencia de un entramado pedófilo secreto con viajes aé-
reos llamados *Lolita express*, en los que habrían participado no
solo Anthony Weiner e Hillary Clinton, sino también el propio expresidente Bill Clinton y otras celebridades del mundo
financiero y del espectáculo.

De inmediato, periodistas conservadores y activistas de la
alt-right (la derecha alternativa, en realidad, como dijimos,
la nueva extrema-derecha)[192] divulgaron –sin contrastarla ni
verificarla– dicha "información" que, al hacerse viral, iba a
ser ampliamente "enriquecida" en los sitios web de discusio-
nes abiertas, sin filtro, como Reddit, 4chan, 8chan y Voat.[193]
Se le añadieron, además, nuevas "revelaciones" con detalles
morbosos de la pretendida red de tráfico sexual: el avión del
Lolita express pertenecería a un amigo de los Clinton, el conocido multimillonario pedófilo Jeffrey Epstein,[194] y las orgías
con menores habrían tenido lugar en una isla privada, perte-
neciente a Epstein, en el Caribe. Se afirmaba: "Hillary tiene
una predilección bien documentada" por chicas preadoles-
centes, "abastecidas por una red internacional de raptos y de
abusos sexuales a menores".[195]

A partir de ese instante, la locura conspiratoria se desató. Nuevas informaciones falsas,[196] reproducidas y compartidas por numerosos sitios web complotistas como, Antiwars,
Breitbart News, Before It's News, SubjectPolitics, The Vigilant

Citizen, TruePundit, por *trolls* de Facebook, YouTube, Twitter e Instagram y por *bots*, o sea, robots que replican noticias automáticamente, se difundieron por millones.

En ese momento de máximo delirio de odio contra la candidata demócrata, Wikileaks intervino de nuevo en la campaña estadounidense[197] contra Hillary, difundiendo miles de nuevos correos electrónicos, acompañados de sus respectivos ficheros adjuntos, *hackeados* de la cuenta de John Podesta, nada menos que el jefe de la campaña electoral de Hillary Clinton. Entre los emails difundidos, se hallaba una correspondencia entre John Podesta y su hermano Tony. Una correspondencia banal, sin ningún interés particular, pero en la que varias veces John hacía alusión a su gusto por las pizzas. Los conspiracionistas se apoderaron de ese detalle para denunciar que se trataba, en realidad, de un habitual *código secreto* de la red pedófila, en el que la palabra "pizza" significa *niña*. Al parecer, en efecto, en el lenguaje codificado de los pedófilos, cuando hablan de *cheese pizza* (pizza de queso) se están refiriendo, por las mismas iniciales "c. p.", a *child pornography*, pornografía infantil.

También encontraron, entre los mensajes enviados por Podesta a simpatizantes demócratas pidiéndoles donaciones para la campaña, un email dirigido a un tal James Alefantis, que poseía la triple particularidad de ser un importante donante de fondos al Partido Demócrata; de ser el exmarido de David Brock, un conocido periodista muy comprometido en favor de los Clinton y muy odiado por los republicanos; y de ser propietario, en un barrio elegante de Washington, ¡de una *pizzería*! Todas las piezas estaban ahora, más que nunca, en su sitio: el complot del *Pizzagate* iba a alcanzar su clímax máximo.

A partir de ahí, se desató una formidable tempestad de rumores repercutidos por toda la galaxia comunicacional trumpista y conservadora. La narrativa tomó cuerpo: se trataba de una "red secreta de pedófilos satanistas", dirigida clandestinamente por Hillary Clinton en persona, constituida por importantes cargos del Partido Demócrata y otros famosos, cuyo cuartel general se ocultaba en los sótanos del restaurante Comet Ping Pong, la pizzería de James Alefantis en Washington. En esos siniestros subsuelos se hallarían encerradas decenas de menores, raptados y desaparecidos tanto en Estados Unidos como en el mundo.[198] Los implicados en el tráfico pedófilo rendían culto al diablo y, después de satisfacer sus más perversos apetitos sexuales, sacrificaban a niñas y niños en el curso de unos ritos sangrientos, satánicos e incluso antropófagos.

Las redes se llenaron de "detalles" que parecían confirmar y demostrar el demencial relato. Por ejemplo, unos internautas descubrieron que, en francés, el nombre del propietario de la pizzería James Alefantis fonéticamente suena como *J'aime les enfants*, o sea, "me gustan los niños". Y en Instagram, el propio dueño del Comet Ping Pong publicó una foto de él con una camiseta de color negro en la que se podía leer esta "confesión": "Amo a los niños"[199]. Otros descifraron, en los menús impresos de la pizzería (en la que hay, a disposición de las familias, mesas de ping pong), una ilustración que representaba dos raquetas cruzadas semejantes a las alas de una *mariposa*, símbolo utilizado en todo el mundo, al parecer, por los adeptos de la legalización del sexo con menores.[200] Algunos advirtieron que las iniciales del lema *Play, eat, drink* (Juega, come, bebe) de este restaurante, o sea, PED, eran precisamente la raíz de la palabra *PEDofilia*. Otros se percataron de que el emblema del local ostenta medias lunas, y vieron en ellas una "clara alusión" a la figura infernal del Baphomet, ídolo de cabeza de macho cabrío y senos de mujer, venerado desde siempre por ocultistas y satanistas.[201]

Por abracadabrantesco que parezca, este relato fue tomado muy en serio por miles de periodistas, blogueros, facebooqueros y tuiteros. Personas cercanas a Donald Trump también respaldaron la conspiración y se lanzaron a alimentar la narrativa. Michael Flynn, por ejemplo, hijo del general Flynn, asesor de Seguridad Nacional del presidente Trump, escribió en Twitter: "Hasta que se demuestre que el *Pizzagate* es falso, seguirá siendo noticia. La izquierda parece olvidar los emails de Podesta y las muchas coincidencias encontradas en ellos".[202] Para echarle más gasolina al fuego, en uno de los debates televisivos, el propio Donald Trump acusó directamente a Hillary de estar implicada en esa intriga "más escandalosa que Watergate", antes de gritarle delante de millones de telespectadores: "¡Eres una asquerosa! ¡Deberías ir a la cárcel...!".[203]

El adrenocromo

Politólogos y académicos debatían con seriedad en todos los grandes medios. Defensores y adversarios de la tesis del complot se enfrentaban día y noche. La prensa más responsable puso a sus mejores equipos de investigación a estudiar el *Pizzagate*[204] y, obviamente, no hallaron evidencias de ningún tipo, lo cual no desarmó a los fanáticos de la conspiración. Incluso apareció entonces una variante en la narrativa: "¿Sabéis por qué torturan y sacrifican a los niños? –preguntó un día la conspiracionista Emily Cockrill, en Facebook–. ¿Y si os digo que existe todo un mercado de miles de millones de dólares por una droga que nunca habéis oído mencionar? Un mercado por una droga que solo se encuentra en el cerebro humano cuando la adrenalina es bombeada en las venas... La droga más poderosa del mundo: el adrenocromo".[205] En pocas horas, la "revelación" fue compartida por miles de personas. Varias plataformas complotistas la repercutieron de inmediato. Algunos recordaron que, en la correspondencia de los hermanos John y Tony Podesta, un email intercambiado el 28 de junio de 2015[206] con la famosa artista "ocultista" Marina Abramovic,[207] hacía alusión a un *spirit cooking dinner*, recordando una *performance*[208] en la que la creadora de la "cocina espiritista" mezclaba "fluidos corporales como orina de la mañana, sangre, esperma y leche de pecho de mujer".[209]

Suficiente para que muchos interpretaran que el *spirit cooking* no era más que un ritual satánico practicado por las "élites demócratas" para extraer el "carísimo" y energizante adrenocromo[210] del cerebro de los niños raptados.[211] En los Estados Unidos, en octubre y noviembre de 2016, el debate a propósito del *Pizzagate* no cesaba. Incluso surgían nuevas estrellas mediáticas "especializadas" en el complot. Entre ellas, por ejemplo, Liz Crokin,[212] una experiodista del diario *Chicago Tribune* y del semanario *US Weekly*, que posee unos ochenta mil seguidores en sus redes sociales e interviene en los canales de televisión de mayor audiencia. En un momento, Crokin incluso acusó a la célebre modelo Chrissy Teigen (35 millones de seguidores en las redes), esposa del aún más famoso cantante John Legend, de estar implicada en la trama pedófila y de utilizar para ello a su propia hija Luna.[213] Incansable inculpadora del *Pizzagate*,[214] Crokin llegó incluso a afirmar, en decenas de mensajes, entrevistas y declaraciones, que "por lo menos un tercio del gobierno" (de Barack Obama) y "un tercio de Hollywood" forman parte de la "satánica red pedófila que convierte a los niños en esclavos sexuales, los sacrifica, bebe su sangre y eventualmente los devora".[215]

Impactados por semejantes descripciones, decenas de miles de ciudadanos compartieron en las redes su sentimiento de horror y su detestación de Hillary Clinton, convertida en monstruo absoluto. Uno de los conspiracionistas más activos, Alex Jones,[216] que posee su propio canal InfoWars en YouTube, y difunde un programa radial –*Alex Jones Show*– con más de dos millones de seguidores, declaró el 4 de noviembre de 2016: "Cuando pienso en todos esos niños y niñas que Hillary Clinton, personalmente, ha violado, asesinado y descuartizado, mi odio hacia ella no tiene límite".[217]

Ese mismo sentimiento de odio lo compartía Edgar Maddison Welch, un joven actor desempleado de 28 años, rubio y barbudo, muy religioso, padre de familia, residente en Salisbury, Carolina del Norte.[218] Estas "noticias" lo habían sacado de quicio. Estaba furioso y no entendía por qué nadie hacía nada para salvar a los niños, ni siquiera las autoridades. ¿Cómo podían asistir de brazos cruzados a tantos infanticidios? Así que él tomó una decisión. En la madrugada del 4 de diciembre de 2016, se montó en su Toyota Prius y, después de conducir durante unos quinientos kilómetros y más de siete largas horas de autopista, llegó a Washington. Bordeando varios verdes parques urbanos, se dirigió hacia el noroeste, al barrio Chevy Chase. Avanzó por la larguísima avenida Connecticut hasta llegar a la pizzería Comet Ping Pong. Era domingo, a las tres de la tarde. Las mesas del restaurante estaban llenas de familias.[219] Welch aparcó su vehículo, se bajó del coche y decidió entrar en el local. Quería investigar personalmente lo que estaba pasando allí. Liberar a los pequeños esclavos sexuales, encerrados en túneles subterráneos. Llevaba en una mano, con el dedo en el gatillo, un rifle militar de asalto AR-15; en la otra, un revolver Colt-38; y, en la cintura, un enorme cuchillo de cazador.[220] La gente huía aterrada a su alrededor. Los camareros se apartaban despavoridos. Welch se percató de que inspiraba terror, y eso le confortó en su afán justiciero. Encontró una puerta sospechosa, seguramente conectada al sótano. Estaba cerrada y resistía. Welch no vaciló, con su arma de guerra abrió fuego disparando varias veces...[221]

Asquerosidad vs. pureza

Lo que había empezado por un simple rumor, se terminaba en dramático tiroteo... ¿Se terminaba? En realidad, no. Ni mucho menos. Es cierto que, en los días que siguieron al ataque armado de Edgar Welch, hubo como una toma de conciencia colectiva de que el abuso de rumores, de *fake news* y de delirios complotistas pudo haber conducido a una verdadera catástrofe o a una matanza, por fortuna, en este caso, evitada. Los medios más serios volvieron a repetir que toda esa trama del *Pizzagate* no descansaba sobre ninguna evidencia. Que estaba elaborada a base de posverdades y de mentiras. Facebook, Twitter, YouTube y otras redes sociales suspendieron las cuentas de los principales difusores de la teoría complotista y censuraron todas las alusiones al *Pizzagate*. Los rumores comenzaron a disminuir.

También es cierto que la campaña electoral había terminado. El 8 de noviembre de 2016, Donald Trump había triunfado. En cuanto a Hillary Clinton –a pesar de haber obtenido casi tres millones de votos más que el republicano–, había salido de escena. Parecía que el tema del *Pizzagate*, sobre todo después de esas censuras de las redes sociales, se iba olvidando y agotando. Lo demostraban las cifras: en su momento de mayor popularidad (primera semana de diciembre de 2016), el *Pizzagate* producía unas noventa y tres mil interacciones diarias en Instagram, y unas quinientas doce mil en Facebook. Pero después del ataque armado de Edgar Welch y de la toma de posesión de Trump, en enero de 2017, en ambas redes sociales las consultas se derrumbaron a menos de veinte mil interacciones diarias.

Pero el conspiracionismo no desapareció ni mucho menos. Al contrario. Incluso podríamos decir que, con Donald Trump en la Casa Blanca, el complotismo llegó al poder. Prueba de ello es que, tres años después, en 2020, la teoría de una camarilla de pedófilos que supuestamente controlan todas las decisiones en Washington volvió a popularizarse con mayor fuerza que nunca. Contribuyó, sin duda, a ello la nueva atmósfera psicosocial caracterizada por los efectos acumulados y traumatizantes de varios factores: la pandemia de covid-19; el éxito del movimiento conspiracionista QAnon; las frustraciones no resueltas de las clases medias blancas de las que ya hablamos, y la nueva batalla electoral por la reelección de Donald Trump, esta vez contra el candidato demócrata Joe Biden.

Hay que decir también que, en su dinámica central, este relato complotista tenía todo para seducir a un público amplio y temeroso. Con simplicidad evangélica, presentaba la lucha del mal contra el bien en una versión sencillamente maniquea. Por un lado, los *malos*, o sea, los poderosos, las élites ricas y famosas, las castas políticas, mediáticas y financieras; y, por el otro, los *buenos*, es decir, las personas más frágiles y vulnerables de nuestras sociedades: los niños. Un contraste neto. Un combate simbólico eterno, el de Satanás contra el Ángel. Un choque entre la perversión y la inocencia, el verdugo y la víctima, la asquerosidad y la pureza. Una batalla en la que no puede existir duda a la hora de otorgar nuestra simpatía y nuestro compromiso. Esa fue sin duda una de las razones por las que ese relato complotista encontró tan multitudinaria acogida. No era difícil alistarse, en esa guerra virtual, en favor de quienes necesitaban ayuda: las niñas y los niños.

De la pedofilia

En nuestras sociedades, el agresor sexual de menores, durante mucho tiempo, aunque parezca impensable, gozó de una amplia tolerancia social. Calificada hoy de "forma absoluta del mal", la pedofilia (palabra cuyo sentido contemporáneo data apenas de la década de 1970) no siempre fue reprimida. Ha tenido que pasar mucho tiempo para que el abuso sexual de menores por parte de adultos sea considerado el ultraje máximo, el crimen de los crímenes. En Europa y Estados Unidos, la justicia no empezó a sancionar (tímidamente) las relaciones sexuales entre adultos y niños menores de cierta edad (la cual varía con el tiempo y según los países)[222] recién a partir de 1830.

Pero, en la vida cotidiana, las costumbres apenas cambiaron. En particular, los niños siguieron siendo *maltratados* impunemente. Los tribunales, en la línea del derecho romano, consideraban que los hijos eran *propiedad* de sus padres, y que el trato que recibieran de ellos, fuese cual fuese, incluso el incesto, era un asunto *privado* que no incumbía a nadie más. El concepto de "mayoría sexual" se desconocía. Con el consentimiento de los padres, niñas muy menores, de 8 a 10 años, eran casadas con hombres adultos sin que ello se considerase escandaloso. Por otra parte, la escuela no era obligatoria. Y recuérdese que los niños y las niñas, a partir de los 6 o 7 años, se incorporaban de lleno al mundo del trabajo, en el hogar, en el campo, en el comercio, en las fábricas, en los talleres y en las minas.

Todo esto empezó a cuestionarse después del nacimiento de la opinión pública; o sea, en la segunda mitad del siglo XIX. Cuando esta, en Europa y Estados Unidos, se conmovió al leer las contundentes denuncias formuladas por grandes escritores como Charles Dickens –en novelas de fuerte impacto: *Oliver Twist* (1839), *David Copperfield* (1849) y *Grandes esperanzas* (1860)–, o Victor Hugo –en *Los miserables* (1862) y *El hombre que ríe* (1869)–.

En los Estados Unidos, la primera entidad para la protección del niño maltratado se fundó en 1875 en Nueva York: la Society for the Prevention of Cruelty to Children (NYSPCC). Después de que la defensa legal ante la justicia de un "síndrome de niño maltratado" se hubiese realizado, por primera vez, un año antes, en 1874. Fue el famoso caso "Mary Ellen Wilson", una niña de 10 años, denunciado ante los tribunales por… la Sociedad Protectora de Animales. En aquella época, simplemente, no existía ninguna ley que castigara el maltrato ni la explotación infantil. La defensa tuvo que argumentar que la niña pertenecía –científicamente– al reino animal. Y el maltrato hacia los animales sí estaba penado desde 1866. Los jueces consideraron válido el argumento, y los agresores, los padres adoptivos de la niña, fueron condenados.[223]

Rompiendo un silencio y una indiferencia de siglos, en un contexto de cambio de sensibilidad con respecto a la infancia, la prensa de masas en su edad de oro, a finales del siglo XIX, es la que va a denunciar no solo el trabajo precoz y el maltrato sino, en específico, el escándalo de las agresiones sexuales contra los niños. Asimismo, para delatar los atropellos a los menores, autores de literatura popular y de cuentos de hadas como Charles Perrault, Hans Christian Andersen y los hermanos Grimm inventan, en esa época, diversos personajes de terror, especializados en las agresiones contra los infantes: el ogro, el coco, el lobo feroz, el hombre del saco, la bruja, el licántropo, el sacamantecas... Surgidos de las tinieblas de la noche, estos sujetos malévolos roban a los niños para infligirles indescriptibles mortificaciones, y conmocionan hasta el día de hoy el imaginario social.[224]

Pero después de la Primera Guerra Mundial, en 1918, el tema vuelve a desaparecer. La prioridad es entonces la crisis económica provocada por la Gran Depresión de 1929. Luego, la Segunda Guerra Mundial y la Guerra Fría acaparan las preocupaciones. A finales de los años sesenta, con los movimientos de la contracultura, de liberación de la palabra y de los cuerpos, característicos de la sensibilidad hippie y de la revolución de mayo del 68, la cuestión de la sexualidad infantil vuelve a resurgir. Pero sorprendentemente, esta vez, como reclamo de los adultos de un "derecho a tener relaciones sexuales con menores". Escritores, intelectuales y algunos medios de comunicación defienden la libertad de tener "amores pedófilos", y denuncian "la tiranía burguesa que acusa al enamorado de los niños de ser un monstruo de leyenda".[225] En Francia, por ejemplo, incluso se crea entonces un Frente de Liberación de los Pedófilos[226] (FLIP).

En la década de 1980, se produce una nueva inversión de tendencia: las agresiones sexuales a menores vuelven a ser condenadas incondicionalmente, como consecuencia, sin duda, de la restauración de cierto "orden moral" en Estados Unidos, ligado al "punitivismo" de la era Reagan; en particular, después de cuatro casos horribles que conmocionaron a la opinión pública y provocaron un auténtico "pánico moral".

Primero fue la trágica desventura de Adam Walsh, un niñito de 6 años raptado en 1981 en un centro comercial de Florida y asesinado.[227] La enorme turbación social causada por este suceso dio lugar, en 1984, a la creación del National Center for Missing and Exploited Children. En el seno del FBI también se funda, entonces, una sección especializada, la Child Exploitation and Human Trafficking Task Forces (Fuerzas de intervención contra la explotación de menores y el tráfico de seres humanos). En 2006, el Congreso vota por unanimidad el Adam Walsh Child Protection and Safety Act, que permitió la creación de un registro nacional de agresores sexuales contra menores.

El segundo caso, también de repercusión en todo el país, fue el de Polly Klaas, una adolescente de 12 años –raptada en su propia casa en California, mientras su madre dormía– violada y estrangulada.[228] La formidable ola emocional suscitada por este crimen favoreció el voto, el 8 de marzo de 1994, bajo la presidencia del demócrata Bill Clinton, de la terrible ley Violent Crime Control and Law Enforcement Act, conocida como *Three Strikes and You're Out*, según la cual una persona culpable de tres delitos debe ser automáticamente condenada a cadena perpetua.

El tercer caso fue el de Megan Kanka, una pequeña de 6 años atacada en julio de 1994, mientras circulaba en bicicleta por las calles de su barrio, en la ciudad de Hamilton, Nueva Jersey, y asesinada por un agresor sexual con antecedentes.[229] La presión de los familiares de la víctima y de millones de padres en todo el país forzó al Congreso a aprobar una ley –conocida como Ley Megan– que entró en vigor el 31 de octubre de 1994 y creó un procedimiento de registro y notificación para alertar sobre la presencia en el vecindario de algún delincuente sexual que pudiera presentar riesgo para los menores del barrio.

Por último, el cuarto caso fue el de una niñita de 9 años, Amber Hagerman, raptada el 13 de enero de 1996 cuando jugaba en bicicleta delante de su casa en Arlington (Texas) en presencia de testigos, y hallada muerta, degollada, cuatro días después. Nunca se encontró al asesino y el caso (al momento de escritura de este libro) sigue sin resolverse.[230] Esta tragedia favoreció el voto de lo que se conoce como el *AMBER Alert*, o sea, un sistema de aviso en red que moviliza de inmediato a la policía, los medios de comunicación, los transportes y al público en general en caso de rapto de menores.[231] Desde que se implantó en Estados Unidos, la Alerta Amber ha permitido salvar a un millar de menores raptados.

En 2003, en el marco de un análisis sobre la aplicación de la Ley Megan, la Corte Suprema autorizó también a publicar en la web las fotos de personas condenadas por abuso sexual de menores. La pedofilia volvió a ser condenada de manera unánime.[232] Entre tanto, la psiquiatría infantil había definido mejor el trauma del menor objeto de abuso, y presentado a este como una "víctima incurable", con derecho a perseguir penal y duraderamente a su depredador.

A partir de entonces, la agresión sexual a menores fue percibida por la ciudadanía como un "problema social de gran envergadura". Según una encuesta nacional llevada a cabo en adultos, en Estados Unidos, sobre la historia de abuso sexual, "un 27% de las mujeres y un 16% de los hombres" reconocían retrospectivamente haber sido víctimas de abusos sexuales en la infancia.[233] Unas cifras considerables. En esa perspectiva, la justicia exigió también leyes específicas que castigasen con mayor dureza a los depredadores sexuales de menores.[234] Resultado: en el curso del último decenio, en Estados Unidos, mientras la población carcelaria aumentaba en un 206%, el número de depredadores sexuales contra menores encarcelados aumentaba en un 330%. El pedófilo adquirió definitivamente, en el nuevo imaginario colectivo, la característica que posee hoy de *criminal más odioso, más abyecto y más repelente*.[235]

6. La conspiración QAnon

Entretanto, a finales de 2017, la teoría del *Pizzagate* recobró vigor. No fue por casualidad. Ello coincidió con el aumento de popularidad del movimiento QAnon y con su rápida expansión por todo el territorio de Estados Unidos. Como en una superproducción o "secuela de gran presupuesto", QAnon retomó la historia original del *Pizzagate*, pero la enriqueció y prolongó con múltiples intrigas complementarias. Muchos estadounidenses creyeron en ambas narrativas conspiratorias (*Pizzagate* y QAnon), fusionándolas, porque la primera constituyó la rampa de acceso a la segunda.

Según QAnon, el mundo estaría dominado por una perversa sociedad secreta formada por miembros de alto rango del Partido Demócrata, celebridades del espectáculo, periodistas famosos y multimillonarios adoradores de Satanás que controlan el "Estado profundo", fomentan la pedofilia, el tráfico de menores, y –para conservar su juventud– extraen el valioso adrenocromo de la sangre de los niños raptados. Los seguidores de QAnon también creen que, a esa camarilla secreta, pertenecen destacadas personalidades demócratas, como Hillary Clinton y Barack Obama; millonarios, como los Rothschild, Bill Gates y George Soros; estrellas del entretenimiento, como Oprah Winfrey, Tom Hanks y Ellen DeGeneres, y figuras religiosas internacionales, como el papa Francisco y el Dalai Lama.

Asimismo, están convencidos de que Donald Trump fue reclutado en secreto por generales de alto rango para ganar la presidencia en 2016 con el objetivo oculto de desenmascarar a esa camarilla, disolver la conspiración, acabar con su control de la política y de los medios, y, finalmente, llevar a sus miembros ante la justicia. Ese día (la "tormenta" lo llaman), todos los malvados serán desenmascarados, arrestados y deportados al presidio de Guantánamo, en la isla de Cuba. Por eso, según QAnon, Washington y el *establishment* estadounidense militan con tanta vehemencia en contra del *Big Don.*

QAnon nació el 28 de octubre de 2017. Donald Trump llevaba nueve meses en la Casa Blanca. La sociedad estadounidense se hallaba muy afectada por el triple impacto de las revelaciones de los escándalos de abusos sexuales de Larry Nassar, Harvey Weinstein y de la secta Nxivm. Ese día, un sábado, en el foro anónimo 4chan (<www.4chan.org>), y en específico en el subforo desprovisto de moderador "/pol/" (por "políticamente incorrecto"), se publicó el primero de una serie de mensajes que llevaban por título "Calm Before the Storm" (Calma antes de la tempestad), en alusión a una críptica declaración del presidente Trump unas semanas antes, el 6 de octubre de 2017, durante una reunión con oficiales de alto rango de las fuerzas armadas en la Casa Blanca.[236] Los conspiracionistas interpretaron esa frase del mandatario[237] como una señal en clave en la que anunciaba su intención de destruir la camarilla global con el auxilio de los militares.

Los mensajes van firmados con la letra *Q,* la número *diecisiete* del alfabeto. Los seguidores de QAnon les dan a esos comunicados el nombre –sacado del léxico del espionaje– de "entregas", y también de *drops* ("gotas" en inglés). Ha habido unas cinco mil. La mayoría se presentan como misivas misteriosas que exigen descodificación. Se ignora lo que *Q* significa exactamente.[238] Es desconocida también la identidad del autor o autores. De ahí el nombre QAnon, contracción de *Q Anonymous.* A veces, el enigmático autor firma sus mensajes: "Q Clearance Patriot" (algo así como "Q patriota con autorización de acceso"), dando a entender que se trataría de un alto funcionario de la inteligencia militar con permiso para acceder a material clasificado del gobierno.

Divulgadas gota a gota, las "entregas" de Q han elaborado la narrativa que ya citamos. Aunque QAnon es una teoría demasiado complicada. Describir sus variantes, bifurcaciones y subteorías podría necesitar un libro entero.[239] Se trata, para decirlo de alguna manera, de una conspiración *aglutinadora, absorbedora*, que recicla todas las demás, casi sin excepciones.

Desde el comienzo, como una especie de mito de la *metaconspiración*, QAnon ha integrado y asimilado relatos de muchos otros grupos complotistas. Principalmente, como ya dijimos, el *Pizzagate*. Pero también tiende a absorber lo que podríamos llamar las "comunidades de conocimiento alternativo"[240] ya existentes, como las que creen en diferentes leyendas: en la ufología, por ejemplo, entusiastas de los OVNI; en el ocultismo; en el club secreto de los Illuminati que, según ellos, manipulan a la gente y dominan el mundo;[241] en los complots sobre el asesinato del presidente John F. Kennedy o el suicidio de Marilyn Monroe; en la "gran impostura" que habrían sido los atentados del 11 de septiembre; en la tesis de la Tierra plana; en la teoría de las "estelas químicas" (*chemtrails*) que dejan en el cielo los aviones a reacción, y que contendrían agentes biológicos para infectar a la humanidad; en la idea de que las vacunas contra el covid-19 son nocivas; en el "peligro mortal" de la tecnología 5G, quinta generación de las telecomunicaciones; en la presencia de los "reptilianos" en la cúspide del poder.

La *plandemia*

Durante la pandemia de covid-19, en particular a lo largo de 2020 y 2021, los militantes de QAnon también consiguieron sumarse a otras campañas, como los movimientos antimascarillas, anticonfinamiento, antivacunas y antipasaporte sanitario, en un esfuerzo por hacer crecer sus filas. La propagación del nuevo coronavirus disparó la desinformación en todas sus formas y favoreció incluso una nueva rama conspirativa: la *plandemia.* Este juego de palabras entre plan y pandemia –en inglés *plandemic*– dio nombre, en mayo de 2020, a un documental de veintiséis minutos muy popular, visto en Facebook más de ocho millones de veces, y más de siete millones en YouTube (antes de ser suprimido unos días después). Realizado por Mikki Willis, el film es esencialmente una entrevista con una viróloga estadounidense muy desacreditada: Judy Mikovits. Esta exinvestigadora denuncia "el plan secreto que hay detrás de la plaga de covid-19" y pretende que la pandemia no es más que un "enorme timo" para obtener ganancias vendiendo vacunas.[242] Sostiene Mikovits, entre otras afirmaciones, que el "confinamiento no es necesario", que "la vacuna mata a millones de personas", y, en particular, que "la vacuna antigripe sirve para inocular el coronavirus SARS-CoV-2". Todo ello, sin prueba alguna.[243] Numerosos científicos y organizaciones serias han desmentido con argumentos consistentes esas elucubraciones,[244] lo cual no evitó su enorme expansión, y que incluso, tres meses después, en agosto, se difundiera una secuela del documental de ochenta minutos: *Plandemic: Indoctornation.*

En esta segunda parte, el realizador pretende demostrar otra supuesta conspiración mundial: un grupo de poderosos habría inventado el coronavirus e instrumentalizado la pandemia. Acusa, entre otros, a Bill Gates, al doctor Anthony Fauci, al gobierno chino, a la empresa Google y a la enciclopedia Wikipedia de constituir una asociación delincuente para tomar el control de la población del planeta. Ambos documentales causaron un inmenso impacto social. Consecuencia: a partir de agosto de 2020, con el apoyo de QAnon, empezaron a organizarse grandes manifestaciones de "plandémicos" en muchas ciudades de Estados Unidos, rechazando las vacunas y el uso de mascarillas anticovid.

En esa línea, el movimiento antimascarillas difundió sus propias teorías, en las que denuncia que todos los nasobucos provocan intoxicaciones y causan infecciones pulmonares.[245] También los antivacunas se reactivaron y propagaron bulos para infundir pánico. Afirmaron, por ejemplo, que la tecnología 5G "envía frecuencias" al "grafeno que entró en el organismo a través de la vacunación", lo cual crearía los síntomas propios del covid-19.[246] Según otra de sus hipótesis, las vacunas tienen *siempre* efectos secundarios peligrosos, y, en particular, las basadas en ARN mensajero[247](Pfizer y Moderna) producen alteraciones genéticas. Afirmaron que una vacuna antipolio financiada por Bill Gates causó un brote de parálisis infantil en África. Y que las vacunas se elaboran con tejidos de fetos abortados. Que el virus fue creado por los grandes laboratorios farmacéuticos (*Big Pharma*) un año antes de la pandemia para vendernos después las vacunas. O que el coronavirus se propaga a partir de vacunas de gripe contaminadas. Todo ello, sin ninguna evidencia.

En las redes o en la televisión, los debates revelaron además otros aspectos del razonamiento negacionista: dogmatismo, elaboración de una duda generalizada, citas de "expertos" falsos, repetición de falacias lógicas, selección caprichosa y arbitraria de datos, descontextualización y referencias a diversas teorías de la conspiración.[248]

Los adeptos de QAnon también apoyaron con mucho énfasis la tesis de que la pandemia de covid-19 habría sido imaginada y organizada por la misma perversa camarilla secreta contra la que lucha Donald Trump. Y han propuesto una variante propia: esa camarilla pretende conseguir mejor su objetivo de dominar a la población introduciendo en nuestros cuerpos, gracias a la vacuna, microprocesadores electrónicos rastreables que programarán nuestro comportamiento.[249]

Una teoría aglutinante

El contenido de QAnon ha mutado desde su aparición, generando corrientes muy diversas. Incluso ha reciclado viejas y falsas acusaciones antisemitas. Como ya dijimos, QAnon es una "teoría de amplio espectro",[250] porque su narración evoluciona como la de una interminable novela folletinesca y rocambolesca. Se ramifica en permanencia, suma temas nuevos, personajes inesperados, intrigas sensacionales y acusaciones sorprendentes. Ese revoltijo conspirativo funciona con la dinámica de una bola de nieve que amalgama y aglutina cada vez más materia. O como una suerte de *Venom*, el personaje de Marvel, simbionte extraterrestre de forma amorfa semejante a un espeso líquido gelatinoso, que sobrevive absorbiendo la energía de un huésped.

Pero el corazón de QAnon, el centro nuclear de su relato, no varía. La existencia de un "Estado profundo" controlado por una oculta camarilla pedófila global dirigida por líderes del Partido Demócrata es su seña de identidad principal en la que creen la mayoría de sus seguidores. Y estos, cada día, son más numerosos. Dos tercios de los estadounidenses han oído hablar del movimiento QAnon, y el 14% de esos dos tercios tiene *muy buena opinión* de él. Un estadounidense de cada cinco conoce a alguien –él mismo, un familiar, un amigo, un conocido– que apoya a QAnon.[251]

Las "entregas" de Q son, ya lo señalamos, enigmáticas y sibilinas. A veces contienen listas de interrogaciones formuladas de tal modo que orientan a los militantes a desenterrar *por sí mismos* la "verdad" mediante detectivescas pesquisas. Para los militantes, esas "gotas" difundidas por Q contienen "migas" de indicios (en alusión a Pulgarcito) que ellos, como "panaderos" de la verdad, deben "amasar" y "hornear" hasta que se conviertan en "pruebas".

QAnon es un movimiento eminentemente *participativo*, como muy pocas otras teorías conspirativas lo han sido. Constituye una de las grandes originalidades de este movimiento. Sus adeptos se reúnen en grupos de WhatsApp o de Facebook para, en común, descodificar las últimas "entregas" de Q. Se congregan para compartir complicidad y chatear en línea. Se intercambian sus interpretaciones respectivas de lo que pasa en el mundo. Interactúan animados con otros qanonistas. Su actividad principal consiste en "investigar" de manera colaborativa, o sea, tratar de desentrañar colectivamente las adivinanzas de Q.

Como en toda "dinámica de grupo", el hecho de que, *por su propio esfuerzo*, los adeptos de QAnon lleguen a sus *propias conclusiones*, las cuales (como no podía ser de otro modo) coinciden con las tesis principales de la conspiración, fortalece la adhesión al movimiento y al convencimiento de cada miembro.

Realidades alternativas

Ese ejemplo explica también el *boom* de QAnon, que es prioritariamente una organización política, pero también una suerte de *entretenimiento*. Funciona como un pasatiempo, una "busca del tesoro". A tanta gente que se aburría en la soledad de su confinamiento durante la pandemia de covid-19, este movimiento, disfrazado de juego, le procuró un objetivo y una motivación. Para algunos, incluso un sentido a su vida. A ese respecto, QAnon recuerda, en cierto modo, lo que había sido, en 2016, el gran éxito de *Pokémon GO*, lanzado por Nintendo, cuando millones de personas no podían parar de jugar al nuevo desafío de la realidad aumentada.[252]

Algunos analistas han comparado también QAnon con un videojuego en línea de tipo *alternative reality games* (ARG), por el modo en que incita a los participantes a crear de manera colectiva una "realidad compartida llena de personajes recurrentes, narrativas cambiantes y misiones intrincadas de resolución de acertijos".[253] Adrian Hon, un creador de videojuegos, explica por qué hay una gran similitud de QAnon con los juegos de realidad alternativa: "Porque los participantes elaboran colectivamente un fascinante universo de fantasía con guerras ocultas y camarillas secretas, héroes positivos y malvados perversos".[254] Un universo adictivo que, una vez más, crea grupo, comunidad. Y ofrece explicaciones sobre aspectos del mundo que, para muchos, resultan incomprensibles.

En tal sentido, QAnon es un movimiento característico de la era internet. Su *modus operandi*, su sistema viral de activación reticular y su crecimiento exponencial no se habían visto antes. Aunque las "entregas" de Q aparecieron primero en foros de discusión marginales y poco convencionales, QAnon –como fenómeno social– le debe su fulgurante popularidad a las redes sociales centrales: Twitter, Facebook, WhatsApp, Instagram, TikTok y YouTube. Estas plataformas, medios dominantes de hoy, amplificaron masivamente sus mensajes.

En agosto de 2020, en plena pandemia de covid-19, Facebook realizó un estudio interno sobre la presencia de QAnon entre sus usuarios. Conclusión: ya había *miles de grupos* en los que se difundían y comentaban los mensajes de Q. Algunos de esos grupos tenían más de cien mil miembros cada uno, o sea que, en total, solo en esa red social, QAnon ya poseía decenas de millones de seguidores.[255] Lo mismo ocurría en Instagram, en WhatsApp y en YouTube. Y cuando Twitter anunció que estaba emprendiendo acciones para limitar la difusión de esa teoría conspiratoria, ya existían también en esa red más de ciento cincuenta mil cuentas asociadas a QAnon, con millones y millones de adeptos. Esos números habían crecido durante la pandemia de covid-19, cuando los ciudadanos aislados y confinados acudían a sus pantallas para escapar del aburrimiento, buscando pasatiempos, interacción y socialización. Muchos acabaron captados por la comunidad QAnon. Según un estudio publicado por *The Wall Street Journal* el 13 de agosto de 2020: "El número de miembros de diez grandes grupos de Facebook dedicados a QAnon creció más del *seiscientos por ciento* entre marzo y julio de 2020, después de que empezaron los confinamientos".[256]

"A donde va uno, vamos todos"

QAnon también puede considerarse como una "nueva religión",[257] una Iglesia, porque ofrece a sus adeptos un entramado de apoyo social, una verdadera comunidad, así como una narrativa cosmogónica, utópica y estructurante para sus vidas cotidianas. No es casualidad si la consigna de mayor éxito entre los qanonistas es: "A donde va uno, vamos todos" (*Where we go one, we go all*), que ellos resumen en sus pancartas con las iniciales: "*wwg1wga*"...

También poseen un imperioso deseo de atraer y de "evangelizar" a nuevos fieles. Su proselitismo está basado en tácticas de manipulación mediática en las redes –ya hablamos de ello– concebidas para capturar el interés de los usuarios de internet y conducirlos hacia sitios digitales precisos donde se irán "convirtiendo" mediante el consumo masivo de narraciones a favor de las tesis de QAnon.

Durante años, la estrategia de los qanonistas ha consistido, asimismo, en utilizar una amplia serie de astucias digitales para lograr viralidad y presencia en los medios de comunicación tradicionales, como cuando organizaron miles de manifestaciones callejeras para "salvar a los niños" o para rechazar la vacuna o las mascarillas. O cuando produjeron "documentales" repletos de información falsa. O cuando presentaron candidatos propios en las elecciones locales. Y sobre todo cuando asistían en masa, con sus pancartas y sus símbolos, a los mítines públicos del presidente Donald Trump.

El magnate republicano es el personaje central y heroico de la narrativa QAnon. Es el "patriota audaz", elegido para salvar a Estados Unidos de la "malvada camarilla global". Los qanonistas lo adoran literalmente, como a un profeta. Analizan con atención sus palabras y sus acciones en busca de significados disimulados. Si, por ejemplo, *Big Don* cita el número *diecisiete*, lo interpretan como una señal de que les está dirigiendo mensajes crípticos. Cuando se pone una corbata de color rosa, lo entienden como una señal de que está luchando en favor de algún niño raptado, porque las instituciones hospitalarias suelen usar un "código rosa" para alertar sobre el secuestro de un menor en sus locales.

Decenas de veces, en sus cuentas de redes sociales, Trump compartió mensajes de adeptos de QAnon. Pero no habló con frecuencia de ellos. Cuando lo hizo, siempre fue comprensivo y magnánimo con el movimiento, enviando así señales de complicidad que alentaron a mucha gente a adherirse a la conspiración. Una vez, el 19 de agosto de 2020, en la Casa Blanca, después de felicitar a Marjorie Taylor Greene, notoria defensora de QAnon, ganadora de unas primarias del Partido Republicano en Georgia (y hoy diputada en la Cámara de Representantes), la prensa le preguntó qué opinaba de QAnon, y Trump contestó: "No sé mucho de ellos pero he oído que son personas que aman este país". No los trató de "locos" o de "desquiciados" o de "extremistas" o de "peligrosos". Y cuando un periodista le recordó que "los seguidores de QAnon creen que él está luchando contra un culto satánico de pedófilos y caníbales", Trump respondió: "¿Y se supone que eso es algo malo? Si puedo ayudar a resolver los problemas del mundo, estoy dispuesto a hacerlo".[258]

En otra ocasión, el 15 de octubre de 2020, en el canal de televisión NBC, en una entrevista con la periodista Savannah Guthrie, Trump declaró: "Todo cuanto he oído sobre ellos es que combaten muy duro la pedofilia, y luchan contra esa plaga con mucha fuerza. Estoy de acuerdo con eso".[259] Este apoyo público, tan claro, animó a miles de personas que estaban en duda a militar en la red QAnon.

"Fuera de las sombras"

Hay que decir también que otros bulos seguían alimentando la narrativa. Por ejemplo, en octubre de 2019, el sitio web especializado en falsos rumores Before It's News "revelaba" que veintiún mil niños "encerrados en jaulas" habían sido hallados en unos "túneles subterráneos secretos", debajo de una base militar en California. Y que habrían sido salvados gracias a la intervención de una brigada de la Pentagon Pedophile Task Force, una fuerza especial antipedófila creada por Donal Trump. [260] Todo falso.

Unos meses después, en abril de 2020, empezó a circular por Facebook otra "información" que se convirtió en una de las más compartidas. Se trataba del "descubrimiento de cien mil niños, niñas y cadáveres en un túnel que une el puerto de Nueva York a los locales de la Fundación Clinton". [261] La noticia añadía que una "división especial del Pentágono" habría desmantelado una red pedófila esclavista. Y habría descubierto a miles de menores hambrientos, traumatizados, víctimas de agresiones sexuales, en un pasadizo subterráneo que conducía también a la Fundación Clinton. La sangre de los menores serviría para producir una sustancia antienvejecimiento, el adrenocromo, destinada a la élite mundial satanista. Desde luego, se demostró que la "noticia" era totalmente falsa y absolutamente infundada, en particular porque el Pentágono no tiene nada que ver en la lucha contra la pedocriminalidad, que es responsabilidad exclusiva del FBI.

A principios de 2020, el movimiento hacktivista Anonymous había filtrado "nuevos documentos" en los que se afirmaba que artistas famosos como Avicii[262] o Paul Walker[263] no habían muerto como lo describieron los medios (un suicidio y un accidente de tráfico, respectivamente), sino que habían sido "asesinados". ¿El motivo? Ambos conocían la identidad de los pedófilos que constituían la banda a la que pertenecía el financiero Jeffrey Epstein y amenazaban con hacer públicos los nombres de los implicados. [264] El relato del complot denunciado por QAnon recobraba fuelle. De pronto, en las redes empezaron a surgir nuevas "pruebas" que demostraban que otras celebridades (Diana de Gales, Michael Jackson, incluso Kurt Cobain, el mítico líder del grupo Nirvana) tampoco habrían fallecido como nos lo contaron, sino que habrían sido de igual modo "asesinadas" por tener la intención de denunciar la identidad de los cabecillas de la red pedófila.

En pleno *revival* de las teorías conspiratorias, fuertemente estimulado por el movimiento QAnon, se difundió entonces, en YouTube, un "documental", *Out of Shadows* (Fuera de las sombras),[265] de Mike Smith, un ex doble de riesgo de Hollywood. En tono totalmente paranoico, este film narra una "historia de la propaganda y de la manipulación mental" en Estados Unidos (*¿por qué creemos en lo que creemos?*) y acusa al gobierno de ser el gran mistificador, e insiste en que las principales herramientas de intoxicación serían los noticieros de televisión, y el cine. La película citaba, por ejemplo, varios complots bien reales: por ejemplo, la ultrasecreta *Operación Paperclip*,[266] realizada por el Pentágono en 1945, al final de la Segunda Guerra Mundial, para exfiltrar y contratar a unos mil quinientos científicos alemanes que habían trabajado para la maquinaria nazi en el sector de los medicamentos psicotrópicos capaces de alterar la conciencia y de modificar los comportamientos. El documental evocaba, asimismo, el clandestino *Proyecto MK-Ultra*,[267] desarrollado por la CIA entre 1950 y 1970, durante la Guerra Fría, para perfeccionar técnicas de control mental a base de lavados de cerebro y de uso de drogas como el LSD.

Según *Out of Shadows*, las *élites pedófilas* de Washington habrían utilizado las enseñanzas de ambos experimentos encubiertos para *domesticar a los ciudadanos* a través de la publicidad, la televisión, el cine y los videoclips (sobre todo los de las cantantes Lady Gaga y Katy Perry). Toda la comunicación audiovisual en Estados Unidos estaría saturada de *mensajes subliminales* que nuestros ojos no ven pero que se graban en nuestro inconsciente y acaban por dictarnos nuestro comportamiento. Una de las personalidades que intervienen en el documental es precisamente la conspiracionista Liz Crokin, quien, una vez más, haciendo hincapié en el *Pizzagate*, acreditaba la tesis de QAnon según la cual Estados Unidos estaría controlado por la famosa red oculta de pedófilos satanistas que violan, torturan, matan y devoran a niños.[268]

Out of Shadows obtuvo una acogida triunfal. En los días que siguieron a su lanzamiento, este "documental" fue visto en YouTube por más de veinte millones de personas, se tradujo a una docena de lenguas y, un mes después, había sido consultado más de cien millones de veces.[269]

Justin Bieber

Facebook, Twitter e Instagram seguían censurando toda contribución al *Pizzagate*, pero con ocasión del confinamiento general causado por la pandemia de covid-19, en foros, grupos, posts, videos y otras plataformas como Zoom, usada para conversar en grupo a distancia, las tesis de QAnon tenían aún una enorme expansión. Sobre todo en la nueva aplicación TikTok,[270] muy popular entre los adolescentes. En la primavera de 2020, TikTok difundió otra "revelación" que estalló como una bomba en el seno de la comunidad conspiracionista: el joven y celebérrimo cantante Justin Bieber, con unos ciento cuarenta millones de seguidores en Twitter, habría sido una de las víctimas del entramado *Pizzagate*.

El artista habría sufrido abusos sexuales de niño, y sus abusadores estarían relacionados con la camarilla pedófila. El propio Bieber lo habría confesado de manera críptica en su canción "Yummy", lanzada el 3 de enero de 2020, cuyo clip musical[271] muestra al joven cantante en el comedor de un lujoso restaurante repleto de adultos mayores adinerados (algunos se parecen a Hillary Clinton y John Podesta) que comen de forma absolutamente grotesca. Las mesas están llenas de alimentos (dulces, pasteles, helados, langostas…), y los adultos los devoran y saborean con extraño y repugnante deleite. Otro "indicio": la orquesta que toca en la sala está compuesta por niñas y niños. La "noticia", propagada por la gente de QAnon, recorrió de inmediato la galaxia complotista y contribuyó a apuntalar aún más la teoría conspiracionista.

En las semanas siguientes, el videoclip de "Yummy" superó los veinte millones de visitas. Para acabar de convencer a los escépticos, durante una entrevista en vivo, unos fans le pidieron a Justin Bieber que, de alguna manera, confirmase esa historia de abuso con un gesto. Por ejemplo, que se tocase con la mano el gorro negro de lana que llevaba puesto: "Justin, si lo que se dice a propósito de 'Yummy' es cierto, tócate el gorro".[272] Y, en vivo, Justin Bieber lo hizo varias veces, ante los ojos de casi dos millones de seguidores, que inmediatamente repercutieron la "confirmación" a todos sus contactos.

En realidad, como se puede ver en el vídeo original en Instagram Live,[273] se trata de un diálogo de Bieber con un pastor protestante. Durante la conversación, el cantante no cesa de tocarse en forma constante su gorro negro. Mientras tanto, en una columna a la derecha de la pantalla, desfilan centenares de preguntas que le formulan los fans, y que el artista ni mira. No era difícil adivinar que se tocaría de nuevo el gorro, y hacerle la pregunta adecuada...

Pero, ya se sabe, nada desalienta a los complotistas. En los días siguientes, las consultas sobre el *Pizzagate* en el buscador de Google se volvieron a disparar. En Instagram, unas seiscientas mil personas comentaron las nuevas "revelaciones"; en Facebook, más de ochocientos mil usuarios las compartieron, y, en TikTok, el número de jóvenes a través del mundo que se interesaban ahora por el tema sobrepasaba los ochenta y dos millones.[274] Hay que decir también que, entre tanto, QAnon se había extendido por todo el planeta. En particular, por América Latina y Europa, en donde parecía tener gran acogida entre los grupos de extrema derecha.[275]

7. El trasfondo del pánico moral

Larry Nassar

Es muy importante señalar asimismo que, *en la vida real,* entre la primera ola de popularidad del *Pizzagate* en 2016 y la que se produjo en 2020, varios sucesos fuertemente mediatizados –amplificados por la emergencia de QAnon– impactaron a la opinión pública en Estados Unidos. Todos ellos tienen que ver con el acoso sexual y el abuso de menores.

Primero, en julio de 2017, empezó el largo juicio al pedófilo Larry Nassar, de 54 años, exmédico oficial del muy popular equipo femenino de gimnasia olímpica, acusado de haber abusado sexualmente, *durante casi treinta años,* bajo el pretexto de proporcionarles tratamiento médico, de unas trescientas sesenta y ocho niñas de entre 6 y 15 años.[276] El impacto mediático de este juicio –que se prolongó hasta septiembre de 2018– fue fenomenal. Se revelaron estadísticas espantosas sobre la *realidad* de la pedofilia en Estados Unidos. Según los Centros para el Control y la Prevención de Enfermedades (CDC), una de cada cuatro niñas y uno de cada seis niños son víctimas de abuso sexual antes de los 18 años.[277]

Durante meses, ante las cámaras de todos los grandes canales de televisión, desfilaron por la sala del tribunal más de ciento cincuenta mujeres y niñas –entre ellas varias célebres campeonas olímpicas y estrellas del deporte–[278] para confrontar de forma directa al depredador. Uno de los testimonios más desgarradores fue el de la madre de Chelsea Markham, una joven gimnasta que sufrió agresiones de Nassar desde la edad de 9 años, que nunca superó las secuelas de esos abusos y acabó suicidándose. "Todo habría parado –le declaró en la cara a Nassar la famosa gimnasta Aly Raisman,[279] campeona olímpica en Londres 2012 y Río de Janeiro 2016–, si un solo adulto hubiese alzado la voz. Pero adulto tras adulto, muchos en posiciones de poder, te protegieron".[280]

Todo esto se está desarrollando en vivo ante un país en el que una parte de la ciudadanía adhiere a la narrativa conspiracionista sobre el *Pizzagate* y cree, como lo afirma QAnon, en la existencia de una *camarilla secreta de poderosos pedófilos*. Es evidente que los defensores de la tesis del complot encontraron en el juicio de Larry Nassar más carburante para su teoría.

Harvey Weinstein

Apenas unos meses después, en octubre de 2017, estalla en Nueva York un nuevo escándalo en torno a otro depredador sexual: Harvey Weinstein, de 67 años, uno de los productores más importantes de la historia de Hollywood, cuyas películas han ganado numerosos premios Oscar.[281] No se trata, en este caso, de pedofilia, pero también se habla de abusos y de violaciones realizadas por un hombre poderoso, ligado a los principales círculos de la política, de las finanzas y de la industria del cine. Más de ochenta mujeres, incluidas actrices famosas, como Angelina Jolie, Gwyneth Paltrow, Rosanna Arquette, Asia Argento y Ashley Judd, acusan a Weinstein de agresiones sexuales repetidas durante décadas.[282] Gracias a sus conexiones para silenciar a sus víctimas, el depredador abordaba a las jóvenes actrices ansiosas de una oportunidad en el mundo del cine, para poseerlas a la fuerza. Su *modus operandi* era siempre el mismo: las convocaba a reuniones en hoteles para pretendidamente hablar sobre sus proyectos de trabajo, y las presionaba para que se metieran con él en la ducha o se dieran masajes mutuos. Algunas lograban huir, pero otras, al no poder escapar, eran violadas.[283]

Como se puede imaginar, con un acusado tan célebre, víctimas tan famosas y tema tan morboso, la cobertura mediática del caso, tanto en los medios tradicionales como en las redes sociales, fue colosal. Para millones de electores republicanos, Harvey Weinstein, además de ser un predador sexual, poseía el tipo de perfil que ellos adoran detestar: era partidario del control de armas, defensor del *Obamacare*, reconocido votante del Partido Demócrata e importante contribuidor financiero de la campaña electoral de Hillary Clinton. Lo tenía todo para ser el *hombre más odiado* por la derecha estadounidense.

Boy scouts, curas y pastores

Entre tanto, en varios lugares del país, las revelaciones se multiplicaban sobre el mayor escándalo de pedofilia de la historia de Estados Unidos. Afectaba nada menos que a la poderosa federación de los Boys Scouts of America.[284] La nación descubría incrédula y atónita que durante decenios, en el seno de esa popular organización, la violación de menores había sido sistemática.[285] Después de años de silencio y de sufrimiento íntimo, casi *cien mil personas* de entre 10 y 90 años denunciaron que habían sido abusadas sexualmente por jefes de los boy scouts.[286]

Al mismo tiempo, como un goteo permanente, proseguían las revelaciones sobre los miles de agresiones pedófilas efectuadas, también durante décadas, por sacerdotes católicos. Incluso un cardenal fue denunciado, Mgr Theodore McCarrick, a quien el papa Francisco, en julio de 2018, retiró el sacerdocio por "comportamientos sexuales ilícitos contra menores".[287] Entre 1970 y 1990, este clérigo había inducido a novicios a tener relaciones sexuales entre ellos, y –como otros muchos sacerdotes católicos– habría abusado de menores.[288] Un mes después, en agosto de 2018, un informe del Gran Jurado de Pensilvania denunció otro escándalo de abusos sexuales efectuados por unos trescientos curas, *durante setenta años*, a más de mil menores de edad.

Entretanto, al amparo de una ley de víctimas infantiles puesta en vigor en 2019, otras trescientas personas presentaban demandas contra sacerdotes católicos de la diócesis de Albany (distrito capital de Nueva York), por haber sido abusadas sexualmente cuando eran menores. Esa nueva ley, votada en este contexto de pánico contra la pedofilia, permite a presuntas víctimas demandar a sus agresores por algún abuso sexual sufrido incluso hace decenios... El exobispo de la diócesis, Howard J. Hubbard, de 82 años –él también acusado de violación de un menor–, acabó por admitir que encubrió durante décadas el frecuente abuso sexual a niños "para evitar el escándalo y proteger a la Iglesia".[289]

Tras todas estas revelaciones, se disparó el número de diócesis católicas que publicaron listas de curas objeto de "acusaciones creíbles". La BishopAccountability.org, una plataforma dedicada a rastrear los crímenes de esta índole, afirma que la Iglesia católica de Estados Unidos ha reconocido la existencia de unos *siete mil* sacerdotes sospechosos de agresiones sexuales a menores, pero otros informes estiman que el porcentaje de abusadores miembros de la jerarquía católica oscila entre el 6% y el 10% del clero, lo que supondría hasta unos *once mil* sacerdotes pederastas.[290] Por su parte, los expertos sostienen que la cifra de menores víctimas de estos predadores católicos, en Estados Unidos, estaría *por encima de los cien mil.*

En paralelo a estas espectaculares revelaciones, y en la misma época, o sea, entre 2017 y 2020, la cultura popular también se hacía eco, con gran interés por parte del público, de estos crímenes pedófilos en el seno de la Iglesia católica. Primero fue la excelente película *Spotlight,* realizada por Tom McCarthy, ganadora de dos Oscar[291] en 2016. El film reconstruye el formidable trabajo de investigación de un equipo periodístico del *Boston Globe* que, en 2002, dándole la palabra a quienes sobrevivieron al abuso sexual del clero, destapó los escándalos de pederastía que la Iglesia y las autoridades locales habían conseguido ocultar durante décadas.[292]

En mayo de 2017, Netflix difundió, con una acogida también excepcional de audiencia, un documental de siete episodios, *The Keepers* (Los guardianes), realizado por Ryan White, que se convirtió en la serie más valorada por los críticos esa temporada. Es una de esas realizaciones que ponen los pelos de punta. Cuenta las violaciones de niñas que ocurrieron en una prestigiosa escuela secundaria católica, la Archbishop Keough High School, de Baltimore, y cómo fueron encubiertas.[293] En esa institución, varios sacerdotes pedófilos abusaban de jóvenes adolescentes. Era un secreto a voces, pero nadie lo denunciaba porque toda una red oscura y criminal se encargaba de disimular la verdad. El principal violador de menores era el padre Joseph Maskell, un auténtico sádico, y lo hacía con total impunidad. Porque, además de ser capellán del instituto, era hermano de un policía. Contaba, además, con la protección y la complicidad de importantes autoridades locales. Y, sobre todo, porque no era el único implicado en los crímenes sexuales; otros personajes influyentes de la ciudad también acudían en la clandestinidad a la oficina del depredador para participar en los reiterados estupros pedófilos de las jóvenes alumnas.[294]

Unos meses más tarde, estallaba un nuevo gran escándalo sexual revelado por los diarios *Houston Chronicle* y *San Antonio Express News*. Afectaba esta vez a la principal iglesia protestante del sur de Estados Unidos, la Southern Baptist Convention, que posee unos quince millones de miembros. Cerca de cuatrocientos pastores –quienes, a diferencia del clero católico, no hacen voto de celibato– fueron acusados de haber abusado sexualmente de más de setecientos menores durante dos décadas.[295]

La secta Nxivm

Poco tiempo después, en octubre de 2017, saltaba a la primera plana de la prensa otro nuevo y espectacular escándalo.

Una investigación, publicada por *The New York Times*, revelaba la existencia de una increíble y tenebrosa secta sexual llamada Nxivm (Nex-i-um), dirigida por un joven y carismático gurú, Keith Raniere, un personaje en torno a cuya figura se amontonaban actrices famosas y mujeres de negocios que lentamente eran absorbidas por el clan hasta ser convertidas en esclavas sexuales.[296] La revelación de esta historia sobrecogió al país.

Bajo la apariencia de una empresa moderna que organizaba seminarios de alto nivel, y a alto coste, para "empoderar a personas" deseosas de triunfar, Nxivm reclutaba con discreción a participantes, y los integraba en una estructura que funcionaba como una iglesia secreta conectada a las élites de muchos países, en particular de México.[297] Las mujeres jóvenes, a veces menores de edad, debían plegarse a dietas infernales para alcanzar el grado de delgadez extrema correspondiente al ideal de belleza del chamán Raniere.

Las tres lugartenientes de este hipnótico maestro –la conocida actriz Allison Mack (*Smallville*); Nancy Salzman, cofundadora de la secta, y Sara Bronfman, hija del multimillonario empresario Edgar Bronfman, propietario del Grupo Seagram– eran las encargadas de reclutar, entre las seguidoras de Raniere, a jóvenes mujeres destinadas a integrar un círculo interno muy exclusivo de una veintena de "elegidas" llamado DOS, del latín *dominus obsequiosus sororum*, es decir, "señor de las hermanas sumisas". Ahí, en el curso de lacerantes ritos secretos de iniciación, eran *marcadas con hierro al rojo vivo* en la cadera o el pubis, como el ganado, con las iniciales del gurú. Y obligadas a tener exclusivas relaciones sexuales con él.[298]

Arrestado en marzo de 2018 y juzgado en 2019, Keith Raniere fue condenado por una corte penal de Nueva York, en octubre de 2020, a ciento veinte años de cárcel. El tribunal lo declaró culpable de "tráfico sexual de menores, esclavitud sexual de mujeres y pornografía infantil".

Como se puede imaginar, por sus insólitos ingredientes morbosos, este asunto –en el que estaban implicados famosos de Hollywood, de las finanzas y de la política– fascinó a los medios y a la opinión pública. En este caso también, como era de suponer, la cultura popular se hizo rápidamente eco del tema. Por ejemplo, la conocida actriz Catherine Oxenberg (*Dinastía*) publicó un *best-seller, Cautiva,*[299] en el que cuenta su propia lucha por recuperar a su hija de las garras de esa organización, y se hace eco del sufrimiento de las "esclavas serviles" de Nxivm. Asimismo, la plataforma de *streaming* HBO[300] produjo una excelente serie de nueve episodios, *The Vow* (El juramento), dirigida por Jehane Noujaim y Karim Amer, en la que exmiembros de la secta describen el funcionamiento de Nxivm y evocan la maléfica fascinación que ejercía Keith Raniere. Este documental fue difundido con gran éxito de audiencia en septiembre de 2020.

Epidemia de abusos

Mientras todo esto transcurría, Hollywood y la industria del ocio seguían siendo objeto de acusaciones de abusos de menores.[301] El 3 de enero de 2019, por ejemplo, estallaba otra bomba. El canal de televisión Lifetime difundía una serie documental en seis episodios *Surviving R. Kelly,*[302] en la que decenas de coristas, fans y bailarinas denunciaban a la estrella mundialmente célebre de la música R&B, Robert Sylvester Kelly, de 52 años, más conocido como R. Kelly.[303] Lo acusaban de haber utilizado su fama y su fortuna, durante más de veinte años, para abusar sexualmente de mujeres y niñas que asistían a sus conciertos, y de otras mil fechorías: pedofilia, pornografía infantil, secuestro, explotación sexual de menores, violaciones…[304] Ya en marzo de 2018, la BBC había difundido, en el Reino Unido, un precedente documental de una hora titulado *R. Kelly: Sex, Girls and Videotapes,* en el que diversos testigos acusaban al cantante de abusar de niñas y mujeres, y de retenerlas a veces en contra de su voluntad. Arrestado en febrero de 2019 y encarcelado sin derecho a fianza –porque "liberarlo representaría un peligro extremo para las niñas"–,[305] R. Kelly fue finalmente juzgado en agosto de 2021. La fiscal federal adjunta María Cruz Meléndez, de Brooklyn, dijo que Kelly solía grabar actos sexuales con menores mientras controlaba una empresa de crimen organizado con personas leales y dedicadas a él, deseosas de "cumplir todos y cada uno de los deseos y exigencias del acusado". Y añadió: "El depredador usó su fama y popularidad para atraer a niñas, niños y mujeres jóvenes a fin de dominarlos y controlarlos física, sexual y psicológicamente".[306] Los medios y las redes sociales no cesaban de difundir los numerosos testimonios y delaciones contra el conocido autor de "I believe I can fly", y contra muchos otros famosos.

En aquel momento, la plataforma HBO difundió otro documental, *Leaving Neverland*, que relanzaba con saña las acusaciones de pedofilia contra otro celebérrimo cantante, Michael Jackson, y que provocó un choque tremendo en la opinión pública. Durante tres horas, decenas de testigos aportaban detalles muy comprometedores contra el genial artista.

Ciertas o no, esas y otras denuncias, reportadas a bombo y platillo, concernían también a personalidades muy célebres: Roman Polanski, Woody Allen, Bill Cosby, Kevin Spacey, Tom Hanks,[307] Oprah Winfrey, Ellen DeGeneres,[308] Asia Argento, entre otros, lo cual, como no podía ser de otro modo, impactaba con fuerza en la ciudadanía.[309]

Para responder a las preocupaciones de la gente, las autoridades estadounidenses lanzaron, en junio de 2019, en todos los estados del país, una gran operación contra la pedofilia bautizada "Corazón partido". Y procedieron a la detención de unos mil setecientos sospechosos de pedocriminalidad. Entre ellos, los policías de la brigada Internet Crimes Against Children (ICAC) identificaron a trescientos ocho individuos acusados de haber agredido sexualmente a unos doscientos siete menores. Desde su creación, en 1998, la ICAC ha arrestado a unas noventa y cinco mil personas acusadas de pedofilia. "Estamos asistiendo a una verdadera epidemia de explotación sexual de menores en todos los segmentos de la sociedad, declaró Ryan Spradin, uno de los agentes de la ICAC. Tanto los padres como los niños deben estar muy alerta contra los peligros que representan los nuevos depredadores en línea".[310] Un aviso que no podía sorprender a los millones de adeptos de QAnon y que, una vez más, parecía confirmar sus acusaciones contra las "élites demócratas pedófilas".

Jeffrey Epstein

Sobre esta tela de fondo de *pánico moral*[311] a propósito de una pedofilia aparentemente muy generalizada, se produjo el mes siguiente, en julio de 2019, en Nueva York, la espectacular detención –"por tráfico sexual de menores"– del financiero multimillonario Jeffrey Epstein, de quien ya hemos hablado. Un "personaje" estigmatizado desde hacía meses por los rumores públicos difundidos por los adeptos de QAnon que lo acusaban de pertenecer precisamente a la siniestra trama del *Pizzagate*. La realidad parecía, aquí también, confirmar los chismes, o por lo menos así debían pensarlo los adeptos del complotismo.

La policía acusaba a Jeffrey Epstein de haber organizado, con la complicidad de su amante Ghislaine Maxwell (hija del multimillonario Robert Maxwell, un exmagnate británico de la comunicación), un verdadero sistema delictivo para abusar de decenas de niñas adolescentes. Su *modus operandi* consistía en invitar para que le dieran masajes, en sus mansiones de Palm Beach y Nueva York, a jovencitas vulnerables, a menudo procedentes de entornos familiares problemáticos, después de lo cual las atacaba sexualmente, y les pagaba. Sus habilidades de manipulación y su fortuna le habían permitido construir una auténtica red de esclavas sexuales, las cuales, a su vez, y mediante pago extra, reclutaban a otras chicas para integrarlas en la maquinación sexual.

En este caso también, como se puede imaginar, la noticia del arresto de Jeffrey Epstein alcanzó una extraordinaria popularidad, sobre todo cuando los medios acusaron al depredador de haber llevado en su avión privado –el célebre *Lolita express*– a algunas de sus adolescentes favoritas a diferentes países del mundo. Y cuando se difundió una serie de fotografías que parecían demostrar que el abusador habría "compartido" varias de sus jovencísimas víctimas con amigos famosos;[312] entre ellos, la prensa especializada en escándalos citaba a Bill Clinton, el príncipe Edward de Inglaterra, Bill Gates, Bill Richardson (exgobernador de Nuevo México), George Mitchell (exsenador), etc.[313]

Todo parecía confirmar, *a posteriori*, algunas de las tenebrosas acusaciones repetidas por los complotistas del *Pizzagate* y reafirmadas por QAnon, sobre todo que, denunciado y acusado por primera vez en 1996, e incluso condenado ya en 2006 por un tribunal de Florida, Jeffrey Epstein parecía haber contado con múltiples protecciones que le habían permitido seguir abusando impunemente de decenas de niñas.[314] ¿Cómo poner en duda la tesis de la existencia de una "conspiración pedofílica" de las élites globales, liderada por capitostes intocables del "Estado profundo", ese "Estado dentro del Estado"?[315]

Por si fuera poco, de pronto, el 10 de agosto de 2019, en pleno debate mediático-conspiracionista sobre el "alcance de las complicidades" de Jeffrey Epstein, se produjo un golpe de teatro que nadie esperaba: el depredador apareció muerto en su celda de prisión. Las autoridades de Nueva York concluyeron que Epstein se había suicidado. Pero inmediatamente las especulaciones sobre las circunstancias del deceso se desataron,[316] no solo en las redes sociales y en el seno del movimiento QAnon. El muy serio programa televisivo de investigación *60 Minutes*, del canal CBS, le consagró una emisión entera[317] con la participación de médicos forenses, fiscales, policías y expertos de todo tipo. Conclusión: todo parecía apuntar a un *homicidio*, no a un suicidio... El propio presidente, Donald Trump, en una entrevista en *Axios on HBO*,[318] sugirió que el famoso financiero había sido "asesinado".[319]

Los complotistas veían así "verificarse" lo que llevaban meses repitiendo: que se trataba de un *asesinato camuflado* para "silenciar" a Epstein e impedirle denunciar a los verdaderos *padrinos* de la trama. Poco después, la popularidad de este enorme escándalo se vio prolongada y amplificada por la difusión de dos impactantes miniseries documentales realizadas casi de inmediato y en caliente: *Jeffrey Epstein, Filthy Rich* (Jeffrey Epstein, asquerosamente rico), en mayo de 2020, de Lisa Bryant, en Netflix; y *Surviving Jeffrey Epstein* (Sobreviví a Jeffrey Epstein), en agosto de 2020, de Anne Sundberg y Ricki Stern, en Lifetime Play.

El *Wayfairgate*

El 9 de julio de 2020, cuando la opinión pública estaba al rojo vivo (justo en el intervalo entre la difusión de uno y otro de estos documentales, con el país profundamente polarizado a raíz del asesinato de George Floyd, un hombre afrodescendiente, cometido por unos policías en Mineápolis, el 25 de mayo, y en medio de una verdadera psicosis pedofílica y del ambiente complotista que reinaba en Estados Unidos a solo unos meses de las elecciones presidenciales), estallaba otro rumor de "tráfico de niños" en un foro de Reddit especializado en teorías conspirativas, que se extendió como un reguero de pólvora por las redes sociales.

En Facebook, Twitter, Instagram y YouTube, la palabra *wayfair* se veía de repente asociada a un "tráfico y venta de menores desaparecidos". Citado decenas de miles de veces, amplificado por los adeptos de QAnon y compartido en todas las redes, el vocablo era retomado por populares *influencers* que lo repercutían a sus centenares de miles de seguidores. De ese modo, en el seno de la galaxia *Pizzagate*, surgió la nueva constelación conspirativa: el *Wayfairgate*.

Wayfair es una conocida empresa de venta de muebles en línea, utensilios de cocina y objetos de decoración

(<www.wayfair.com>). Unos meses antes, en junio de 2019, la prensa había hablado mucho de esta marca porque unos cinco mil trabajadores de su sede central en Boston se habían declarado en huelga para protestar contra un contrato por valor de doscientos mil dólares establecido con la administración de Donald Trump para suministrar camas para refugios donde estaban detenidos *miles de niños migrantes indocumentados* en campos de alambradas en la frontera con México. Organizaciones de defensa de los derechos de los migrantes, abogados y periodistas habían denunciado el escandaloso hacinamiento de esos menores en condiciones insalubres, sin duchas y plagadas de incidentes de abuso. Los trabajadores de Wayfair declararon que se negaban a hacerse cómplices de las acciones inhumanas del gobierno: "Cuando sabes lo que está ocurriendo en la frontera sur, pensar que Wayfair podría beneficiarse de ello, es aterrador", había declarado, por ejemplo, Elizabeth Good, una de las organizadoras de esa protesta.[320] "Queremos que Wayfair esté del lado correcto de la historia", había añadido el portavoz de los huelguistas.[321]

Quizás por eso, la extrema derecha se vengó de estos defensores de niños elaborando contra ellos y su empresa uno de los relatos más odiosos. Empezó de la siguiente manera: al parecer, al consultar el sitio en línea de Wayfair, unos internautas quedaron intrigados por dos cosas: el *precio* altísimo de algún mobiliario de oficina (un simple archivador podía costar miles de dólares…); y el *nombre* de esos muebles que, de modo muy extraño, correspondía al de algunas niñas recientemente desaparecidas (Neriah, Yaritza, Alyvia…), cuyas fotografías podían verse pegadas en las vitrinas de los comercios por todo el país. Por ejemplo, el modelo Samiyah designaba un armario metálico vendido por 12 899,99 dólares; y era también el nombre de una niña, Samiyah Mumín, de 17 años, que hacía poco había desaparecido en Ohio.[322]

Sobre esas sorprendentes coincidencias, los militantes de QAnon y las redes conspiracionistas, como en una *creación colaborativa*, comenzaron a elaborar el siguiente tejido narrativo. La empresa Wayfair –cuyo director operativo habría sido visto a menudo con Ghislaine Maxwell, la amante y cómplice de Jeffrey Epstein– sería en realidad una plataforma camuflada de *venta* de niñas esclavas a una trama de compradores multimillonarios pedófilos. O sea, una ramificación del pulpo *Pizzagate*. Los muebles y la decoración no serían más que una tapadera. Los armarios valían tan caro porque, *dentro de ellos*, se colocaba a las niñas drogadas y *empaquetadas* que eran transportadas y entregadas por mensajería. No solo los nombres sino, asimismo, los *códigos* de los modelos de mobiliario correspondían a la identidad de cada menor y a la descripción de sus características físicas. La narración era tan alucinante y tan aterradora que, en apenas unos días, solo en TikTok, más de cuarenta millones de usuarios consultaron la palabra *wayfair*.

Obviamente, ninguna de estas acusaciones descansaba sobre la mínima base de realidad.[323] El director operativo *no* conocía a Ghislaine Maxwell. Y todas las niñas en cuestión, excepto una, hacía tiempo que habían reaparecido. Los medios serios, los sitios especializados en verificar rumores y las autoridades no hallaron evidencia alguna que diera el menor fundamento a este relato conspirativo.[324] Pero eso, como siempre, no convenció a los complotistas de QAnon: "Explícame ¿por qué? –dijo uno de ellos–. Si en un buscador no censurado, por ejemplo, Yandex,[325] pones el número de referencia de uno de esos 'muebles' llamados como las niñas desaparecidas, explícame por qué te sale una serie de fotos de niñitas en bikini…"?[326]

Operación #SaveTheChildren

En agosto de 2020, apenas unas semanas después del estallido del *Wayfairgate*, las redes acentuaron sus críticas contra los medios de comunicación tradicionales por no haber dado suficiente difusión a una noticia sobre una exitosa actuación de los agentes de ejecución de los tribunales federales (US Marshalls) para recuperar a decenas de niños de entre 3 y 17 años desaparecidos en el curso de una operación llamada "Not Forgotten" (No olvidados).

King Randall, un internauta, escribió en Twitter: "¿Cómo es posible que encontrar a 39 niños cautivos, prisioneros en un camión de doble fondo, en Georgia, no sea la MAYOR NOTICIA ahora mismo en Estados Unidos?". De inmediato, unos ciento cincuenta y cuatro mil seguidores compartieron este mensaje, que recibió más de medio millón de *me gusta*, y generó –también en Facebook y en Instagram– millones de comentarios sobre el "drama del tráfico sexual de menores".[327] Ante semejante presión de la opinión pública, todos los grandes medios se hicieron eco del dramático descubrimiento. Se combinaban, asimismo, otros elementos: la ansiedad por los niños en medio de la pandemia del coronavirus; la emoción colectiva por la cantidad de casos de abusos de menores recientemente difundidos, y el alarmismo sobre el tráfico infantil fomentado con fuerza por los conspiracionistas de QAnon para infundir un *pánico moral* colectivo similar al "pánico satánico" de los años ochenta del que ya hablamos.

En realidad, esa noticia de los niños hallados en el doble fondo de un furgón era falsa.[328] Una brigada de la policía federal había localizado, en efecto, a treinta y nueve niños. Pero fue en *varios* estados. Y los menores no estaban todos juntos, ni estaban siendo explotados sexualmente, ni habían sido secuestrados por una banda de traficantes, ni se hallaban prisioneros en un remolque de los horrores.[329] Sin embargo, la *fake news* había conmocionado al país. Contribuyó sin duda a ello el hecho de que, por esas fechas precisamente, con el entusiasta apoyo de la red conspirativa QAnon, se estaban realizando miles de manifestaciones de protesta contra el tráfico de menores en decenas de ciudades.

Durante el verano de 2020, en efecto, utilizando los hashtags, en apariencia inofensivos, #SaveTheChildren (Salvemos a los niños)[330] o #SaveOurChildren (Salvemos a nuestros niños), se habían organizado cientos de mítines y protestas reales con pancartas y carteles a lo largo y ancho de Estados Unidos.[331] Los medios de comunicación locales habían difundido sin descanso estas manifestaciones sin percatarse de que, al amplificar eventos en apariencia concebidos para alertar sobre el tráfico infantil, estaban incitando a su audiencia y a sus lectores a acudir a la web, donde una búsqueda de "#SaveTheChildren" los podía arrastrar directamente hacia el fondo de la telaraña QAnon.[332]

La causa de los niños perdidos fue, a partir de agosto de 2020, una de las campañas de desinformación más exitosas de QAnon.[333] Algunos militantes de este movimiento incluso se organizaron para vigilar la frontera con México y recoger a los numerosos menores que emigran solos. Con la intención, según ellos, de evitar que los menores caigan "en manos de redes de traficantes que aprovisionan en carne fresca a los líderes del Partido Demócrata".[334]

Básicamente, todo eso se hizo para atraer la atención de un nuevo público; en este caso, de las familias, para luego intentar orientar el interés hacia los puntos principales de QAnon diciendo que el motivo por el cual los niños eran raptados es que "la camarilla global quiere cosechar el adrenocromo de su sangre", que supuestamente prolonga la vida de los viejos líderes del Partido Demócrata.

El caso *Lilo y Stitch*

A ese respecto, muchos adeptos de la teoría del complot están convencidos de que las películas de animación de la empresa Walt Disney están saturadas de mensajes sexuales[335] y pedofílicos[336] disimulados. Un ejemplo de esto es lo que ocurrió a finales de 2019, cuando la célebre compañía de dibujos animados puso a disposición de sus abonados la mayoría de las películas de su extenso catálogo en su nueva plataforma de *streaming* Disney+.

Entre ellas se hallaba el largometraje *Lilo y Stitch* (2002). En una de las escenas de este film de animación, Nani, la hermana mayor, persigue por toda la casa a Lilo, su hermanita, la cual consigue esconderse en el cuarto de lavado, en el interior de un electrodoméstico: la máquina secadora de ropa. Nani descubre la artimaña y le tiende a Lilo una trampa. Cuando la pequeñita sale de la secadora, su hermana mayor la atrapa dentro de una manta y se la lleva a cuestas como hacen, en las ilustraciones de cuentos de hadas, los ladrones de niños. En la versión difundida por Disney vía *streaming* en 2020, un usuario de TikTok (#jamieruadh32) descubrió que un detalle de esa escena había cambiado: la niñita ya no se escondía en una secadora sino dentro de un pequeño mueble, y se disimulaba detrás de una típica caja de cartón para... ¡pizza!

De inmediato, los conspiracionistas vieron una evidente señal de complicidad enviada a los pedófilos implicados en el *Pizzagate*. El "descubrimiento" circuló con tanta intensidad por las redes que Disney tuvo que dar una explicación.[337] Dijo que decidió cambiar esa secuencia por problemas de seguridad. Pensó que los miembros más pequeños de cualquier familia podrían seguir el ejemplo de Lilo y meterse dentro de una máquina de secado y poner en peligro sus vidas. Cada año, unos dos mil niños se hieren y a veces fallecen, por meterse en una secadora y quedarse encerrados en ella, algo que Disney deseaba evitar, tomando en cuenta que, en ese momento, muchos pequeños se encontraban en casa debido al confinamiento por la pandemia de covid-19. Además, la productora precisó que ese cambio era muy anterior a la teoría conspiratoria del *Pizzagate*, pues correspondía a la versión difundida ya en 2002 en el Reino Unido, donde las autoridades, por razones de seguridad, habían exigido dicha modificación.

Como de costumbre, estas explicaciones no convencieron a los conspiracionistas. El pensamiento complotista está persuadido de que las élites malvadas cometen sus fechorías a la luz del día pero usando un *complejo sistema* de claves, de símbolos y de signos que las disimulan a la vista de la gente, pero que los *iniciados* de su propia casta saben descifrar... Por consiguiente, la *misión* de los ciudadanos "despiertos" consiste en desentrañar y descodificar ese sistema oculto para destapar, en beneficio de todos, la criminal perfidia de los amos del mundo.

8. Todos hermeneutas

Los conspiracionistas, en efecto, son adictos al *placer de la hermenéutica*, que es el arte de interpretar, de descodificar y de descifrar un mensaje. La hermenéutica sirve de *llave maestra* para desmontar las complejidades no aparentes de la comunicación; disimuladas a menudo en símbolos, códigos, fórmulas y cifras que hay que *descubrir*. Es un juego de pistas. Como en los adictivos libros para adolescentes de *El Club de los Cinco*, de Enid Blyton, o la popular novela *El Código Da Vinci*, de Dan Brown. Hay que hallar señales, marcas, balizas, contraseñas… Detectar indicios y signos que nos orienten en el descubrimiento de una conjura. También se le llama *apofenia* a esa tendencia a percibir una conexión o un patrón significativo entre cosas aleatorias o no relacionadas entre sí (como objetos e ideas).

En el pasado medieval, en Occidente, el colosal esfuerzo hermenéutico para descifrar, por ejemplo, los misterios de *El Apocalipsis* de San Juan o *Las Profecías* de Nostradamus era realizado por eruditos ultracultos, especializados en simbología, semiología, numerología y lenguas muertas, que trabajaban durante largos años en la soledad de polvorientas bibliotecas en gélidos conventos. Hoy, con Google y las redes, puede constituirse en instantes un *enjambre colaborativo* de miles de aficionados que se sumergen como "sabuesos" en las profundidades de montañas de datos para extraer todo lo que pueda tener la apariencia de una eventual coincidencia que otorgue alguna base de veracidad a una sospecha, buscando lo que podríamos llamar el "efecto eureka".

Los expertos en pedagogía explican que la *resolución de enredos* es una forma especial de aprender, porque esa actividad codifica la información en el cerebro de una manera diferente a otros tipos de aprendizajes. Los acertijos y el conocimiento adquirido a través de nuestro propio esfuerzo son increíblemente gratificantes, y también procuran una descarga de dopamina, la droga del placer del cerebro, como recompensa.

Según Reed Berkowitz, un diseñador de juegos de realidad alternativa (ARG), QAnon recurre a esa estratagema. Y utiliza la misma lógica adictiva de estos tipos de videojuegos para "enganchar" a nuevos adeptos a su causa: "Resolver rompecabezas juntos es una excelente manera de formar una comunidad o de unirse a una comunidad –explica Reed Berkowitz–. Los ARG son famosos por eso. Todos tienen algo en qué concentrarse, un interés compartido y algo que hacer. Los rompecabezas son a menudo una forma de reunirse. Si Q arroja algunas pistas, entonces tienes algo que hacer y tienes gente con quien hacerlo. Es un vínculo. La misma razón por la que los rompecabezas se utilizan en ejercicios de formación de equipos corporativos y juegos de fiesta".[338]

Evergreen

En general, para los hermeneutas neocomplotistas, todo empieza buscando *coincidencias*, forzosamente *extrañas, sospechosas*, entre elementos que no poseen ninguna relación aparente entre sí. Por ejemplo, en el caso de Wayfair, entre *muebles de oficina* y *niñas desaparecidas*. Si consiguen establecer una conexión, por descabellada que sea: ¡eureka!, dieron en el clavo, y están felices por haber encontrado una *confabulación oculta* que los "enemigos" por supuesto querían enmascarar.

Existen cantidad de ejemplos de alguna "coincidencia demostrativa" descubierta por un internauta, y compartida de forma inmediata por miles de seguidores como "prueba" de que una teoría conspirativa es cierta. Por ejemplo, en marzo de 2021, cuando el buque mercante *Ever Given* de la empresa taiwanesa Evergreen bloqueó de manera accidental el canal de Suez durante varios días, QAnon y sus seguidores, basándose en coincidencias e interpretaciones, empezaron a propagar una tesis muy difundida por los complotistas estadounidenses. Según esa narrativa, el portacontenedores transportaba, en realidad, niños y niñas víctimas de un tráfico pedófilo internacional organizado una vez más por Hillary Clinton.

Para demostrarlo, QAnon subrayaba que Evergreen era precisamente el nombre de código con el cual el Servicio Secreto, el equipo de protección de personalidades de Estados Unidos, designaba a Hillary Clinton cuando era primera dama, esposa del presidente Bill Clinton.[339] Elemento complementario: el indicativo de radio del portacontenedores *Ever Given* es H3RC. O sea, las *3* iniciales de Hillary Rodham Clinton. Último detalle: en la popular teleserie *Dexter*, el personaje principal –un hombre que fue él mismo víctima de abuso infantil, y se ha convertido en un asesino de serie que mata para hacer justicia– tiene, en una ocasión, un *flashback* mental en el que un niño traumatizado es liberado por la policía de un contenedor.[340] Y ¿qué nombre tenía ese contenedor? ¡Evergreen![341]

Una de las "coincidencias demostrativas" más célebres, que circula mucho por la web y que el escritor Umberto Eco cita en su ensayo "El complot",[342] es la que establece una serie de curiosas concomitancias entre Abraham Lincoln y John F. Kennedy, dos presidentes estadounidenses asesinados en circunstancias que dieron lugar a toda suerte de especulaciones. Por ejemplo: Abraham Lincoln fue elegido al Congreso en 1846; John F. Kennedy en 1946. Lincoln fue elegido presidente en 1860; Kennedy en 1960. Los apellidos Lincoln y Kennedy tienen cada uno siete letras. Ambos presidentes medían más de seis pies de estatura. Ambos fueron hombres atléticos. Ambos fueron capitanes de navíos. A ambos les gustaba sentarse en sillas mecedoras. Ambos citaban mucho la Biblia y a Shakespeare. Ambos concentraron sus esfuerzos en defender los derechos civiles. Las esposas de ambos perdieron un hijo cuando residían en la Casa Blanca. Lincoln tenía un secretario de apellido Kennedy. Kennedy tenía una secretaria de apellido Lincoln. Ambos presidentes fueron asesinados un día viernes. Ambos recibieron un balazo en la cabeza. Ambos estaban con sus respectivas esposas en el momento de los atentados, y ninguna de ellas resultó herida. Ambas sostuvieron la cabeza de sus esposos heridos de muerte. Lincoln se hallaba sentado en un teatro en el palco número siete; Kennedy se encontraba en la caravana presidencial en el vehículo número siete. Ambos fueron asesinados por individuos que eran sureños. A ambos le sucedieron en la presidencia políticos sureños. Ambos sucesores se apellidaban Johnson. Andrew Johnson, sucesor de Lincoln, nació en 1808. Lyndon B. Johnson, sucesor de Kennedy, nació en 1908. John Wilkes Booth, el asesino de Lincoln, nació en 1839. Lee Harvey Oswald, el asesino de Kennedy, nació en 1939. Ambos asesinos son conocidos por sus *tres* apelativos. Los nombres de ambos tienen quince letras. Ambos criminales huyeron corriendo del lugar de los hechos. Ambos fueron capturados en los minutos siguientes al magnicidio. Booth huyó del teatro donde le disparó a Lincoln, y se escondió en un almacén. Oswald huyó del almacén desde donde le disparó a Kennedy, y se escondió en un teatro. Lincoln fue asesinado en el teatro Ford. Kennedy lo fue en una limousine Lincoln, fabricada por Ford. Los dos homicidas fueron asesinados antes de comparecer en un juicio. Ambos presidentes fallecieron en lugares cuyos nombres comenzaban con las iniciales P y H, Lincoln murió en la Paterson House; Kennedy falleció en el Park Hospital. Unos días antes, Lincoln había estado en Monroe, Maryland. Unos días antes, Kennedy había estado con Monroe, Marilyn…

Espectacular, ¿verdad? Pero, finalmente, todas estas coincidencias no pasan de ser meras curiosidades. Divertidas anécdotas. No demuestran nada en absoluto. Son vacuas, vanas, vacías. Pero esa es la materia de la que se nutren los complotistas.

Los pájaros no son reales

En medio de todas estas especulaciones, surgió incluso, durante el mandato de Donald Trump, un insólito intento de desbaratar las narrativas complotistas mediante la burla y la parodia. A partir de 2017, empezaron a aparecer en varias ciudades de Estados Unidos enormes afiches publicitarios con un misterioso lema: *Birds Aren't Real* (Los pájaros no son reales). Se trataba de una iniciativa lanzada por un joven de 23 años, Peter McIndoe, inventor de una nueva teoría conspiracionista según la cual los pájaros no existen. Las aves existieron realmente antaño, pero el cambio climático y el calentamiento global acabaron con todos los volátiles del cielo. El gobierno estadounidense, según McIndoe, habría ocultado esa extinción masiva para reemplazar, en secreto, los pájaros por réplicas robóticas que siguen posándose en los tendidos eléctricos para recargar sus baterías. Porque, en realidad, son *drones electrónicos de vigilancia* con apariencia de volátiles muy bien imitados. Y esos drones-aves son monitoreados por las agencias de inteligencia de los Estados Unidos (Central Intelligence Agency, National Security Agency) para espiar a los ciudadanos y controlar sus desplazamientos.

Muy pronto, esta loca narrativa complotista cautivó el interés de muchísimos ciudadanos hasta provocar el surgimiento de un auténtico movimiento de masas. Por todo el país, cientos de miles de jóvenes *posmillennials*, con camisetas "Birds Aren't Real", se lanzaron a difundir el nuevo eslogan. Se manifestaban, organizaban marchas, protestas, sentadas, concentraciones, denunciando la nueva tentativa de *vigilancia totalitaria* del gobierno con pájaros-drones. En San Francisco, cientos de militantes se aglomeraron frente a la sede empresarial de Twitter para exigir que la red social retirase el pájaro de su logo. En TikTok, en Instagram, en YouTube, los mensajes y los videos de "Birds Aren't Real" empezaron a ser seguidos por millones de jóvenes neodigitales.

En un ambiente saturado de tesis complotistas difundidas por los adeptos de QAnon, el relato sobre los *pájaros de vigilancia* tenía todas las apariencias de una nueva e impactante teoría de la conspiración.

Excepto que todo era inventado. Todo era falso. Voluntariamente disparatada e irracional, la narrativa pretendía demostrar, por reducción al absurdo (*reductio ad absurdum*), el embuste general de las demás tesis conspiracionistas. Peter McIndoe, el creador del infundio, y un amigo suyo, Connor Gaydos, habían concebido y difundido esa historia totalmente imaginaria pero adornada con muchísimos detalles precisos que le daban la apariencia de la veracidad. La habían aderezado, en particular, con los indispensables ingredientes paranoicos. Partiendo de la idea de que cuanto más disparatado y delirante fuese el relato más se lo creería la gente. Y lo hicieron a lo grande. Alquilaron gigantescas vallas publicitarias en muchas ciudades para difundir el sorprendente eslogan. Multiplicaron las conferencias de prensa, exhibiendo pruebas simuladas y documentos ficticios muy bien imitados para demostrar la "veracidad" de sus extravagantes creaciones. Presentaron estadísticas inventadas, falsos estudios anatómicos detallados de palomas-robots, amañados videos de camiones que transportaban los "drones aviarios". Llegaron incluso a contratar a un actor de teatro para que interpretase a un "exagente de la CIA" que "confesó" ante los medios cómo había utilizado drones de aves para vigilar a la gente. En TikTok, el video de esa "confesión" sobrepasó los veinte millones de visitas. También reclutaron a otros comediantes para representar a personas conspiranoicas que contaban su *traumática experiencia* de haber sido víctimas de las aves-espías. Los videos de estos falsos testimonios también se difundieron masivamente por Instagram.

Todo era una broma, una parodia para ridiculizar las teorías conspiranoicas reales. Los inventores del bulo apostaron por la risa como herramienta política y como arma de resistencia. En su guerra simbólica contra el conspiracionismo, eligieron la caricatura y la exageración como acción militante para contrastar mejor la realidad: "Se trataba –explicó McIndoe– de colocar un espejo frente a Estados Unidos en la era de internet. Dado que los intentos por contar la verdad no convencen a los que prefieren creer en las mentiras, solo quedaba como solución propagar mentiras cada vez más delirantes para ponerlos en evidencia".[343] "Era el único modo –confesó otra de las responsables del movimiento– de desmantelar teorías que no se pueden desmontar de otra manera. Decidimos combatir la locura con más locura".[344]

El creador del movimiento aclaró también que toda su generación posinternet se había criado en un ambiente saturado de desinformación y de complotismo. Y que estaban hartos. A él mismo, su propia familia no le había permitido ir a la escuela. Fue "educado", o más bien adoctrinado, en casa con sus siete hermanos, en el seno de una comunidad extremadamente religiosa y conservadora en la periferia de Cincinnati, primero, y luego en una zona rural de Arkansas. Le enseñaron que "la teoría de la evolución de Darwin era un plan de lavado de cerebro masivo de los demócratas" y que Obama era "el Anticristo".

Cuando por fin ingresó en la universidad, Peter McIndoe tomó conciencia de que lo habían manipulado y engañado durante casi veinte años. Y esperó una oportunidad para tomar su revancha. Esa ocasión se presentó cuando Donald Trump llegó a la Casa Blanca en 2017, y cuando el propio presidente empezó a difundir sin freno *fake news*, posverdades y relatos complotistas. McIndoe decidió entonces hacer todo lo posible por frenar esas majaderías con una idea central: burlarse del sistema, ridiculizarlo creando él mismo una conspiración contra las teorías de la conspiración. Pensó que, ante los excesos del conspiracionismo, el humor y la sátira podrían ser los antídotos más eficaces. No solo porque ponen a los complotistas en tela de juicio, sino porque desnudan sus absurdos y disuelven sus espejismos. Adoptó como modelo de terapia el tratamiento homeopático, o sea, combatiendo el mal con el mal, el veneno con el veneno, el disparate con el disparate, el delirio con el delirio. Pero con el conspiracionismo nada es fácil. Como las falsas pruebas resultaron tan persuasivas y tan convincentes, la gente acabó por creer las mentiras, y el movimiento cobró vida propia. A pesar de los múltiples desmentidos de Peter McIndoe, miles de estadounidenses están ahora convencidos, sin miedo al ridículo, de que los pájaros no son reales.[345]

Falso pero cierto

Según los complotistas, si nosotros no percibimos las cosas como el conspiracionismo dice que realmente son, no es porque sean difíciles de conocer, o porque nuestra inteligencia sea imperfecta, sino porque "alguien" nos engaña, nos confunde, nos manipula. No desea que conozcamos la verdad. Para entender mejor esto, Alejandro Romero, profesor de sociología en la Universidad de Granada (España), cita el ejemplo del empresario norteamericano Henry Ford, fabricante de automóviles, y uno de los grandes difusores en Estados Unidos de "Los protocolos de los sabios de Sion", el panfleto antisemita ruso, del que ya hablamos, que recogía las presuntas actas de una reunión de "grandes patriarcas judíos" donde supuestamente detallaban sus planes para dominar el mundo: "Pese a que se ha demostrado en numerosas ocasiones –explica Alejandro Romero– que este documento es falso, cuando Henry Ford lo publica en Estados Unidos [en 1920], lo justifica al decir que, en cualquier caso, su contenido se ajusta a lo que está ocurriendo en el mundo... Es decir, que el documento puede ser falso, pero el contenido es verdadero... Es como si, para el creyente en una teoría de la conspiración, hubiera una verdad más profunda que la veracidad fáctica".[346]

El conspiracionista difunde la narrativa complotista *aunque sepa* que es falsa. La propaga porque cree que lo más importante es la verdad que hay debajo, o sea, la *maldad intrínseca* de aquellos a quienes acusa. Los hechos son secundarios, tienen menos importancia que los "narrativos fabricados" que estructuran la mente conspiracionista. Esta es en esencia *maniquea*, repudia cualquier reflexión matizada sobre los hechos y cualquier escucha de una eventual verdad que el otro nos podría enseñar.

Regresión prerracional

Los creyentes en esas teorías se sienten, por otra parte, menos solos. Pocos argumentos crean mayor sentimiento de comunidad, de grupo, de un "nosotros" que el que nos empuja a organizarnos, a agruparnos contra un "ellos", sobre todo si los *malvados* son las "élites privilegiadas", las minorías étnicas, los "rojos" o los extranjeros. O sea, los habituales chivos expiatorios, eternos acusados por toda suerte de bulos y rumores. Investigadores de la Universidad de Kent (Reino Unido) han demostrado que las personas que creen en una teoría conspirativa tienen mayor tendencia a creer en otras. Incluso cuando estas otras son contradictorias con las que ya creían.[347]

Conviene aquí repetir un elemento fundamental: la teoría conspiracionista, para quienes creen en ella, es *irrefutable*. El adepto a esas teorías piensa que no existe prueba alguna que la pueda invalidar. Para quien tiene fe, su teoría es *indestructible*. También es primordial recordar, repito, que la opinión pública no busca naturalmente la verdad, sino aquella información que confirme sus creencias previas. Cada cual tiende a creer en el "hecho alternativo" que más placer le procura a su conciencia. Todos los estudios demuestran que, en la formación de la opinión pública, los "hechos objetivos" influyen menos que las exhortaciones a la emoción, a los sentimientos y a las creencias personales.[348] Lo importante, en este nuevo contexto, son las percepciones, las convicciones sobre lo que ocurre. En ese aspecto, los conspiracionistas han retrocedido a una etapa prerracional. Los instintos vuelven a dominar[349] si la narración dramática de un acontecimiento me emociona hasta el punto de hacerme verter algunas lágrimas. Puede que el relato sea falso, pero mis lágrimas son reales. Ellas son *mi* verdad.

Conclusión
Hacia la insurrección

Por su estructura específica, las redes sociales se han convertido, de esa manera, en manantiales de intolerancia y de odio. En gran parte porque su formato es antagónico con el de la deliberación, el debate o la dialéctica. El complotista ve la discusión de ideas y las propuestas contradictorias como agresiones. El "otro" es un *enemigo*, en guerra contra *nosotros los lúcidos*, que, por definición, representamos la Norma y el Bien. Y la premisa fundamental es que el *enemigo* es malvado por antonomasia. Le mueve el mal y solo busca el mal. Haga lo que haga, no es de fiar, porque siempre tendrá un malévolo plan ulterior... Hay que desconfiar de él siempre. No importa si es o no culpable de tal hecho concreto: lo importante es que es *culpable por definición*.

Semejante razonamiento es, por supuesto, peligrosísimo. Constituye la base del fanatismo y tiende a desembocar, de una manera u otra, en la agresión y el crimen de odio: "El maniqueísmo conspiracionista –confirma el profesor Jean-François Roussel, del Institut d'études religieuses, de la Universidad de Montreal (Canadá)– prevé una resolución apocalíptica de la crisis, en una violencia sacrificial que diezmará a los 'enemigos', por el fuego o por la insurrección".[350]

Esta idea de *insurrección* comenzó a circular con insistencia en los medios conspiracionistas estadounidenses a lo largo de los años 2017-2020, a medida que se consolidaba una comunidad de partidarios de ultraderecha de Donald Trump, fanatizados y absolutamente convencidos de la realidad de sus propios relatos complotistas. Durante todo ese tiempo, de forma cada vez más explícita, el magnate republicano apoyó, incitó y hasta movilizó a organizaciones supremacistas, ultranacionalistas y milicias armadas. No es casualidad si, desde 2017, las acciones de una extrema derecha ultraviolenta y racista se multiplicaron en Estados Unidos.

El ejemplo más evidente de cómo se radicalizaron esas extremas derechas desde la elección de Trump se pudo ver en Charlottesville (Virginia), el 12 de agosto de 2017. Ese día, una coalición de nuevas organizaciones racistas confederadas en el seno de la *alt-right* y de viejos grupos segregacionistas como el Ku Klux Klan, el Liberty Party (LP), el Council of Conservative Citizens (CofCC), además de diversos grupos neonazis como el veterano American Nazi Party (ANP), el National Socialist Movement (NSM) y la National Alliance (NA), venidos de todo el país y conectados entre ellos por las redes sociales, organizaron en esa ciudad una gran marcha con un eslogan común: *Unite the Right* (Unir a la derecha).

El pretexto del desfile era protestar contra un proyecto municipal de retirar una estatua ecuestre del general confederado Robert E. Lee. Pero en realidad se trataba de un intento, inédito, de unificar a todas las organizaciones pertenecientes a los diversos extremismos reaccionarios estadounidenses y de realizar una gran demostración supremacista de fuerza.

Para oponerse a esa turba de radicales violentos que gritaban: "¡América para los blancos!", "¡Los judíos no nos reemplazarán!" y "¡No nos dejaremos avasallar!", miles de militantes antirracistas y antifascistas (Antifa), venidos también de todo el territorio nacional, les abuchearon, les injuriaron y se enfrentaros a ellos. Las reyertas entre ambos bandos se intensificaron, hasta que un neonazi de 20 años originario de Ohio, James Alex Fields Jr, embistió con su vehículo, a toda velocidad, contra un grupo de los Antifa, mató a una mujer de treinta y dos años, Heather Heyer, e hirió a otras diecinueve personas.[351]

Un año después, a fines de 2018, un nuevo ataque racista a una sinagoga de Pittsburgh dejaba once muertos. Y en agosto de 2019, otro joven supremacista de veintiún años, relacionado con un "manifiesto" en el que denunciaba la "invasión hispana en Texas", disparaba contra la multitud de consumidores en un hipermercado de la ciudad de El Paso, y mataba a veintidós personas.

Milicias armadas

A lo largo del mandato de Donald Trump, todos los grupos radicales supremacistas se organizaron y unificaron gracias al uso de las redes sociales dominantes: Twitter, Facebook, Instagram, YouTube, Snapchat, TikTok… Pero también compartieron mensajes más discretos de movilización insurreccional en redes, foros y plataformas muy específicos, ultraconservadores y no censurados, como Gab, Reddit, Parler, MeWe, Zello, Spreely, Twitch, Telegram y thedonald.win.

De ese modo, una parte de las clases medias blancas pasó, primero, del malestar social y de la desesperanza política al complotismo militante, denunciando la existencia de un "Estado profundo" dominado por los líderes del Partido Demócrata, culpables de pedofilia con fines satánicos. Y, después, en una tercera etapa, se convencieron de la imperiosa necesidad de entrenarse en el manejo de las armas, y de prepararse para una insurrección violenta destinada a salvar a la patria y a Donald Trump.

Aunque las milicias armadas han sido constantes en la historia de Estados Unidos, la actividad paramilitar aumentó y se intensificó a lo largo de 2020. Empezaron entonces a surgir, mezclados con los adeptos de QAnon, grupos de milicianos, casi todos hombres blancos y a menudo exmilitares, organizados en varios movimientos armados nuevos que no dudaban en desfilar por las calles exhibiendo fusiles automáticos AR-15, banderas confederadas, símbolos neonazis y referencias a su líder *Big Don*. "La mayoría de ellos –explica Cécile Coquet-Makoko, profesora de civilización americana en la Universidad de Versailles (Francia)– son más antisemitas que antinegros. Son segregacionistas, o sea, supremacistas blancos; otros son nacionalistas blancos partidarios de un país más puro. Todos poseen en común el culto del jefe y una cultura militarista sudista. Establecen una diferencia entre república y democracia. Según ellos, Estados Unidos es una república y no una democracia que permite votar a las minorías".[352]

Varios movimientos de milicianos violentos con proyectos insurreccionales prosperaron entonces, entre los cuales podemos citar los proud boys, los oathkeepers, los three percenters, los patriots, grupos armados constituidos en esencia por miembros asustados y pesimistas de la clase media blanca: excombatientes, militares y profesionales de servicios de seguridad pero también empleados, estudiantes, funcionarios, pequeños comerciantes, agricultores, agentes inmobiliarios, microempresarios... Con los peores rasgos del radicalismo pequeñoburgués en su variante estadounidense, ferozmente individualistas, nacionalistas, antifeministas, supremacistas, anticomunistas, racistas.[353]

Los boogaloo boys

De todos ellos, el grupo armado considerado como más violento y más organizado es el que constituyen los boogaloo boys. El origen del nombre de esta organización es bastante insólito. Todo empieza en La Habana, en 1939, con una célebre canción afrocubana de Margarita Lecuona titulada "Babalú".[354] Tres décadas después, inspirándose en esa palabra,[355] un músico puertorriqueño, Joe Cuba, lanza con mucho éxito en el Spanish Harlem de Nueva York un ritmo nuevo, mezcla de soul y de jazz latino: el boogaloo.[356] Unos años más tarde, con la moda de la breakdance, un conocido bailarín, Michael "Boogaloo Shrimp" Chambers, triunfa en un célebre film musical para adolescentes: *Breakin.*[357] Esta película tiene tal éxito de taquilla que los productores deciden realizar de inmediato una secuela con el título *Breakin 2: Electric boogaloo.*[358] Treinta años después, en 2014, cuando ya todo esto que acabamos de contar parece olvidado, un humorista muy popular de la televisión estadounidense, Chris Hardwick, lanza en Twitter un concurso pidiendo a los participantes que imaginen con humor cuál sería el título más divertido para una secuela de cualquier película. Con un voto masivo, los tuiteros eligen la fórmula: "Título del film 2: *Electric boogaloo*". A partir de ahí, la expresión *Electric boogaloo* se vuelve viral en internet para designar la *segunda parte* de cualquier cosa.

De esta manera, en 2020, durante la pandemia de covid-19, un movimiento de adeptos del complot *Pizzagate*, seducidos por las tesis de QAnon y hostiles a las medidas de confinamiento contra la pandemia, empiezan a aglutinarse en los foros de discusión de 4chan, anónimos y desprovistos de moderador, para constituir una organización de milicianos armados partidarios de una *segunda guerra civil* en Estados Unidos. Al principio, sus miembros retoman el esquema *Civil War 2: Electric Boogaloo.* Pero pronto acaban conservando, como código identitario, únicamente el término *boogaloo.* Aunque también van a jugar con la (casi) homofonía de esta palabra y designarse como *big igloo* o *big luau.* Por eso a veces adoptan, como señas de identidad vestimentarias, el símbolo del iglú (casa de hielo de los inuit del Ártico) o una vistosa camisa hawaiana (*Big Luau* es una gran fiesta típica de Hawái).

Los boogaloo boys, que ignoran probablemente de dónde les viene el nombre, defienden, en particular, la segunda enmienda de la Constitución, que autoriza la posesión privada de armas de fuego. Se adhieren a todo el catálogo de ideas de extrema derecha de la *alt-right*, y a las de los "grupos patriotas blancos" segregacionistas y racistas. Pero su gran objetivo, que les confiere su identidad política, es efectivamente acelerar el estallido de una segunda guerra civil contra el Estado federal, que ellos ven más bien como una "guerra racial".

En las redes, sus temas de discusión preferidos son la rebelión violenta, las armas y la estrategia militar. En pocos meses, los boogaloo boys (escrito a veces *boogaloo bois*) reciben miles de adhesiones. En marzo de 2020, cuando empezó a extenderse la epidemia de covid-19 en Estados Unidos, el número de sus miembros se estimaba ya en torno a los setenta mil. Un mes más tarde, solo en tres redes (Twitter, Facebook, Reddit), el término *boogaloo*, o su abreviación *boog*, era citado por más de doscientos mil usuarios.[359]

Con sus camisas hawaianas y fuertemente armados, los boogaloo boys empiezan entonces a infiltrarse en numerosas manifestaciones en las que no pasan desapercibidos. En particular, en mayo y junio de 2020, participan en los violentos enfrentamientos que estallan en decenas de ciudades después de la muerte, en Mineápolis, de un hombre afrodescendiente, George Floyd, asesinado por un policía blanco. La intención de los boogs: provocar, azuzar, enfurecer a ambos bandos mediante ataques "de falsa bandera" para acelerar e intensificar la confrontación entre blancos y negros.

El 29 de mayo de 2020, durante una violenta manifestación en el condado de Santa Cruz, en Oakland (California), dos miembros de los boogaloo, a bordo de un vehículo, disparan contra unos oficiales de policía, matan a uno y hieren gravemente a otro antes de darse a la fuga. Uno de los huidos se llama Steven Carrillo, tiene treinta y dos años, y es sargento de la Fuerza Aérea.

Cuando, días más tarde, los policías descubren su escondite y acuden a detenerlo, Carrillo les tiende una emboscada. Los ataca con un fusil de asalto AR-15 provisto de silenciador, y con bombas artesanales. Mata a un segundo oficial de policía y hiere a otros tres. Antes de rendirse, malherido, Steven Carrillo escribe, en el capó de su furgoneta, con su propia sangre: "boog"...

Como los demás miembros de esa milicia, este militar tenía un evidente objetivo: incitar a una segunda guerra civil en Estados Unidos matando a oficiales de la policía y apostando por una reacción violenta y ciega de estos contra activistas negros. Consideraba a los agentes como ejecutores de un orden político *corrupto* y *tiránico*. Los describía como "enemigos internos" de la Constitución que aseguraba venerar.[360] "Los boogaloo boys –explica Jean-Yves Camus, especialista francés de las extremas derechas en el mundo– desean acelerar la caída del sistema. Su misión es difundir el caos para derrumbar el Estado federal. Perciben a este como ilegítimo y totalitario por haber ordenado el confinamiento contra la pandemia de covid, y haber privado de sus libertades individuales a los ciudadanos".[361]

Unos días después, en Denver, en Las Vegas y en Texas, otros boogaloo boys son arrestados en posesión de armas de guerra, de cócteles molotov o de bombas caseras. El objetivo confeso de los detenidos: provocar confrontaciones letales entre la policía y los manifestantes. El 4 de junio, en Nevada, otros tres hombres blancos de entre veintitrés y cuarenta años, también miembros de los boogaloo, son detenidos en posesión de armas y de bombas. Confiesan igualmente su intención de explosionar dos edificios "para provocar motines".

Steven Carrillo, el boogaloo boy que mató a dos policías, se encuentra actualmente (en mayo de 2022) en una cárcel de California a la espera de juicio y podría ser condenado a la pena de muerte. En una carta que escribió a unos periodistas en octubre de 2020, haciéndose eco de las tesis de QAnon y de las teorías conspirativas pro-Trump que acusan falsamente a los dirigentes del Partido Demócrata de dirigir una red de tráfico pedófilo organizada por adoradores de Satán, Steven Carrillo se refirió a Joe Biden como un hombre que "olfatea a los niños".[362]

Es muy probable que, si este militar no hubiera estado en prisión, se hubiese desplazado a Washington en enero de 2021, obedeciendo a las órdenes de Donald Trump. Con sus convicciones –que creía propias, pero que, en realidad, habían anidado en su cerebro como resultado de un excesivo consumo de relatos complotistas–, Carrillo hubiera sin duda participado, el 6 de enero de 2021, junto con decenas de otros boogaloo boys, en la embestida en Washington contra la sede del Congreso.

Infamia

Nadie recuerda, en la historia reciente de Estados Unidos, algo semejante a lo que se vio entonces en la capital federal: una tentativa insurreccional abortada de la extrema derecha para cambiar los resultados de las elecciones de noviembre 2020 y permitirle a Donald Trump instaurar una dictadura presidencial.

Aquel ataque causó cinco muertos y ciento cuarenta heridos. Centenares de asaltantes fueron detenidos. Muchos de ellos ya han sido juzgados y condenados.[363] Las principales plataformas digitales –Twitter, Facebook, Instagram y YouTube– cerraron las cuentas del presidente republicano por considerar que sus mensajes incendiarios publicados ese día incitaron a la violencia. Y por difundir bulos sobre un supuesto fraude electoral.[364]

La invasión del Capitolio se produjo después de que el mandatario, en su encendido discurso del mediodía de ese 6 de enero de 2021, reproducido por pantallas gigantes en la plaza Ellipse del National Mall, en donde se concentraban decenas de miles de fanáticos suyos, les alentara a "luchar como el infierno, porque si no nunca más tendréis patria".[365] En realidad, el objetivo de Trump era muy preciso: sabotear el conteo y desconocer el resultado electoral adverso, en un desesperado y patético intento de aferrarse al poder.

En la memoria del mundo han quedado grabadas las impactantes imágenes del asalto de aquel 6 de enero, uno de los días más oscuros de la nación estadounidense. Todos los videos –de las cámaras de vigilancia, de los policías, de los agentes antidisturbios, de los periodistas y de los propios asaltantes que ellos mismos difundieron en sus redes sociales– muestran que, entre los más de ochocientos violentos que consiguieron penetrar en el edificio, muchos iban armados con hachas, martillos, bates de béisbol, palos de golf, astas de banderas, sticks de hockey y otros pertrechos belicosos.[366] La sesión en el Congreso tuvo que ser suspendida; los senadores y representantes, tanto demócratas como republicanos, tuvieron que encerrarse y esconderse; la Guardia Nacional fue desplegada; las autoridades de la capital federal decretaron el toque de queda.[367]

La embestida de las turbas trumpistas contra el corazón de la democracia norteamericana fue el resultado de un profundo lavado de cerebro a base de narrativas conspiracionistas y de relatos complotistas, principalmente difundidos por el propio Donald Trump, un presidente sin ley, convertido en ejemplo universal de la infamia. Y que sigue intrigando y conspirando para regresar al poder...

Epílogo

En su casa de Columbiana County, en Ohio, ahora cubierta de nieve y embestida por bramadores vientos venidos del Ártico, Margareth estaba furiosa. Despotricaba en voz alta. No conseguía conectarse a la nueva plataforma digital Truth Social que, coincidiendo con el primer aniversario del asalto al Capitolio, Donald Trump acababa de lanzar: "¡Que te den! –gritaba colérica–. ¡Me dicen que debo ser paciente, que estoy en una puta lista de espera! ¡Coño! ¡Me han expulsado de Facebook, de Instagram, de Twitter, incluso de Parler...! Y Gettr, la red que lanzaron los amigos del *Big Don*, es una puta mierda... Como si pudiera esperar... ¡Leches! ¡Joder! ¡Llevo un maldito año aguardando; puta que los parió! ¡Donald, cojones, muévete! ¡Haz algo!".

Aunque apenas eran las cuatro y pico de la tarde, ya la noche había caído con repentina brutalidad. La salita de la casa estaba decorada con escopetas de caza, banderas confederadas, pegatinas de QAnon, estandartes de los Columbiana Clippers y grandes afiches electorales que representaban a un Donald Trump sonriente y con gorra roja... La calefacción no funcionaba. En la chimenea, la leña chisporroteaba, pero el fuego no conseguía reducir la aguda sensación de frío. Margareth se había puesto gruesos calcetines multicolores de lana, calzones ajustados, sobrepantalón azul de esquiar, un desgastado chaquetón blanco de piel de cordero e incluso un pasamontañas... Por las ventanas, las ráfagas del vendaval polar aullaban como hienas rabiosas...

La joven se sirvió un buen vaso de puro bourbon barato Four Roses sin hielo, y aumentó al máximo el volumen de la música. Con tremendo cabreo, Kid Rock rugía "Don't Tell Me How To Live"... No me digas cómo debo vivir... Tumbada en un sofá mugriento, Margareth terminó de liar un porro de marihuana Purple Orange, le dio varias caladas reteniendo el humo el mayor tiempo posible, y se puso a conversar en videollamada, por la red social Telegram, con uno de sus nuevos amigos de QAnon, un sureño treintañero de Pearson, Georgia, llamado Bryan, barbudo pelirrojo y miembro activo de los proud boys:

–Estoy hasta los putos ovarios de Trump! –le gritó–. No ha tenido güevos para defender al mogollón de patriotas detenidos, compañeros nuestros que están siendo juzgados por lo del Capitolio...

–Coño, Margareth, te estás pasando... Estamos haciendo un superesfuerzo para proteger a esos camaradas patriotas... El *Big Don* acaba de jurar que indultará a todos los nuestros cuando regrese al puto poder...

–¿Y tú te lo crees, huevón, débil mental? ¡Pedazo de capullo! Eres la leche... ¿Te tragas ese cuento para maricas? ¡Tarugo! ¡Con el sustazo que pasaron allí esos maricones senadores bastardos que se mearon en los pantalones! ¡Esos lamecharcos chupasangredeniños...! Van a querer vengarse...

–¡Cálmate, hostia, Maggie! Trump no va a llorar por esos arrastracueros degenerados a los que les importan una puta mierda los electores. Jamás va a simpatizar con esas castas de caraculos globalistas. ¡Créeme, hostia! Nunca se va a preocupar por una chusma de mamacallos y bujarrones cuya única preocupación en la puta vida, además de follar niños, de beberles la sangre y chuparles el adrenocromo, es de ser reelegidos...

¡Si el verdadero y jodido problema que tenemos ahora mismo es la extrema izquierda y los cabrones Antifa

que están vandalizando las ciudades de América! Y ese
asqueroso agente chino pedófilo llamado Joe Biden,
viejo sodomita repugnante, que está tolerando todas
esas mariconadas de mierda...
El salón estaba ahora en una semioscuridad. Iluminado
solo por el fulgor de la pantalla del teléfono y el resplan-
dor de la hoguera en la chimenea. Margareth casi había
acabado de vaciar la botella de Four Roses... Ya se
había tomado su tercera píldora de xanax del día. Se
sentía mejor. Ligeramente mareada pero más eufórica.
Estaba entrando en calor. Por los altoparlantes, Kid
Rock estaba berreando: *"We the people in all we do /
Reserve the right to scream 'Fuck you' [...] We gotta
act quick, shut our borders down / Joe Biden does, the
media embraces / Big Don does it and they call him
racist [...] Fuck Facebook, fuck Twitter too / And the
mainstream media, fuck you too, too, too"*. (Nosotros
la gente tenemos que hacerlo todo / Tenemos derecho
de gritar "¡Jódete!" / Tenemos que actuar rápido, cerrar
nuestras fronteras / Joe Biden se agita, los medios
lo ensalzan / *Big Don* sí lo hace y lo llaman racista /
¡Jódete Facebook, jódete Twitter también / Y los medios
dominantes, a la mierda también, también, también!).
–Desearía creerte, coño, Bryan... Me encanta ser blanca. Creo que es algo de putamadre. Lo más supremo
y guay del mundo. Me siento super orgullosa, joder...
Sabes que soy una chovinista occidental del carajo...
¡Arriba Occidente! Me niego a disculparme por haber
creado el mundo moderno. ¡Somos los putos mejores!
Y América es una nación única frente a todas las demás
que son puras basuras...
–Tienes razón, Maggie. Nuestros valores occidentales
son los más supergüey. ¡Hostia! Y son los valores de la
blancura. Hay que oponerse, con las putas armas, a la
campaña permanente de esos malparidos Antifa que
quieren borrar nuestra historia...

–No acepto que nuestra cultura se diluya, Bryan. Joder. ¡No lo acepto! Hay que cerrar las putas fronteras, como dice el *Big Don*. ¡De una vez, coño! Hacer que todo pinche extranjero que se encuentre aquí asuma nuestra forma de vida occidental, blanca, anglosajona, cristiana... ¡Eso no se negocia, ni se discute, leches! Hay que deshacerse del maldito dominio tiránico de un Estado sabandija, corrupto, ineficaz, que traiciona el interés nacional en favor de una piojosa plutocracia de maricones globalistas...

–Totalmente ok, Margareth. ¡Cien por cien! ¡Creo que una segunda guerra civil es inevitable! Hoy la violencia se justifica... ¡Es lo correcto! ¡La lucha lo resuelve todo! ¡Me cago en la hostia! Tú sabes que tenemos diez putos superobjetivos para salvar a Estados Unidos... Te los repito: abolir las malditas cárceles, darle un arma de fuego a cada patriota, legalizar las drogas, acabar con el puñetero bienestar, cerrar de una puta vez las fronteras a los mamagüevos inmigrantes invasores, prohibir la jodida censura, venerar al ama de casa americana, glorificar al empresario como lo repite nuestro *Big Don*, clausurar el maldito gobierno, y declarar alto y fuerte que Occidente es lo más guay, ¡hostias!

Margareth se levantó con precaución del canapé y se despojó del pasamontañas dejando chorrear sobre sus hombros la cascada rubia de su abundante cabellera... También se deshizo de la pesada cazadora de piel de oveja, quedándose en pullover blanco de mohair y cuello alto. Ya no tenía tanto frío... Titubeando ligeramente, mientras seguía hablando con Bryan, se dirigió hacia el fuego. Arrojó la colilla del porro a las cenizas y con una larga pinza de hierro atizó las brasas. Colocó nuevos leños para avivar las llamas, antes de espetarle a su amigo sureño:

–Bryan, tío, joder, todo eso está superbien ¿pero cuándo coño váis a actuar? ¡Dejad ya de tocaros los güevos y el cipote! ¿A qué estáis esperando? ¡Puta que os parió! Pero no véis que no tenemos ninguna jodida esperanza de sobrevivir hasta que liquidemos y colguemos y fusilemos y crucifiquemos a toda esa caterva de condenados cerdos enemigos del pueblo... Y también a los malditos vampiros y sanguijuelas y judas traidores que acechan entre nosotros... ¡Plomo y fuego se merecen esas ratas hijoputas!

–Tranquila, Maggie. Estamos en eso... ¿Vale? No te puedo decir todo, hostias... Pero ese puto día de la tempestad se va acercando... Estamos casi listos... Creemos en el resurgimiento de nuestro espíritu revolucionario... El del superglorioso 1776... ¡Coño, tú lo sabes!... Los principios que defendemos son muy sencillos. ¡Y claro que los vamos a imponer! Puedes estar segura, Maggie, hostias. ¿Qué es lo que queremos? Ya te lo dije: mínimo gobierno y máxima libertad; defensa del derecho a llevar armas; fronteras cerradas a cal y canto; rechazo a los malditos musulmanes y a los judíos, que se vayan a tomar por culo... ¡Estamos dispuestos a morir por eso! ¡Y también a matar, cojones! ¡Que nadie se equivoque! ¡Vamos con todo!... Queremos que Estados Unidos vuelva a ser un lugar maravilloso. Los patriotas fieles a la nación debemos mantenernos unidos, Maggie... ¡Unidos, joder! Para salir del puto abismo en el que nos han hundido esos cabronazos de Bush, Obama y sobre todo ese degenerado pedófilo senil de Biden. Y para todo eso, el presidente-agitador que necesita América, tú lo sabes, coño, Maggie, y lo sabemos todos los patriotas, es nuestro único jefe y líder absoluto ¡Donald Trump!...[368]

Agradecimientos

Mi reconocimiento más profundo a las amigas y amigos –Lydia Castro, Camilo Pérez Casal, Lourdes Lucía, Miguel Mejía, Ferrán Montesa, José Natanson y Marisa Ros– que tuvieron la enorme gentileza de releer mi manuscrito, de corregirlo, enmendarlo y de hacerme toda suerte de pertinentes sugerencias que permitieron enriquecer el texto y mejorarlo considerablemente. Gracias.

Mi gratitud más transcendente va a mi amada compañera Sandra Sarmiento, experta en ciencias editoriales, quien, desde el inicio, me empujó a escribir este ensayo, me estimuló cada vez que decaía mi ánimo, me inspiró algunas de las mejores ideas del libro, fue mi primera lectora, mi constante correctora y mi cómplice genial.

Notas

Prólogo

1 <washingtonpost.com/es/technology/2020/10/14/que-es-qanon-y-por-que-esta-destruyendo-familias>.

Introducción

2 Léase Marilín Gonzalo, "Así se gestó el asalto al Capitolio desde la red", *Newtral*, Madrid, 27 de enero de 2021, <newtral.es/asalto-capitolio-redes-asi-se-gesto/20210127>.

3 <conservativebeaver.com/2021/01/19/joe-biden-arrested-charged-with-possession-of-child-porn>.

4 *Le Monde*, París, 21 de enero de 2021, <lemonde.fr/les-decodeurs/article/2021/01/21/l-espoir-l-errance-la-foi-malgre-tout-comment-une-chaine-complotiste-qanon-a-vecu-l-investiture-de-biden_6067090_4355770.html>.

5 "Trump y su masiva presencia en redes sociales: 153 millones de seguidores", cable AFP, *La Nación*, Buenos Aires, 14 de enero de 2021.

6 <lamarea.com/2021/04/15/el-partido-republicano-despues-de-trump/?fbclid=IwAR1SD3csUMMjYC5oO8OfQvt2OXpMbyoPByUhJihqvpSx WfNGu1D7WRA4ZOo>.

7 <vozdeamerica.com/a/asalto-capitolio-eeuu-un-ano-despues/6384376.html>.

8 Véase Ran Halévi, *Le Chaos de la démocratie américaine. Ce que révèle l'émeute du Capitole*, París, Gallimard, 2022.

9 *El País*, Madrid, 7 de enero de 2021.

10 *El País*, Madrid, 27 de julio de 2022.

11 *The New York Times*, 11 de junio, 29 de junio y 14 de julio de 2022.

12 Léase Carol Leonnig y Philip Rucker, *I Alone Can Fix It: Donald J. Trump's Catastrophic Final Year* (Solo yo puedo arreglarlo: el catastrófico año final de Donald Trump), Nueva York, Penguin Press, 2021.

13 <washingtonpost.com/es/post-opinion/2021/01/06/capitolio-violencia-golpe-estado-trump>.

14 <larazon.es/internacional/20211211/ooqejq6dxvfcjhyaqnp4 aaocuq.html>.

15 En su libro *Frankly, We Did Win This Election: The Inside Story of How Trump Lost* (Francamente, ganamos esta elección. La historia interna de cómo Trump perdió), Nueva York, Twelve Books, 2021.

16 <independentespanol.com/noticias/eeuu/trump-michael-c-bender-libro-presidente-estados-unidos-b1873338.html?fbclid=IwAR1yFqAiSx Zn3Ptbew395UwWSnTP7ty6wvUwdmFCgc0lrvLTlbSw__nUrhl>.

17 En su libro de memorias *A Sacred Oath* (Un juramento sagrado), Nueva York, Harper Collins, 2022.

18 <latimes.com/espanol/opinion/articulo/2022-02-05/estados-unidos-estuvo-mas-cerca-de-lo-que-se-penso-de-un-golpe-de-estado>.

19 <noticiasetx.com/2021/07/15/el-general-ms-poderoso-temi-que-trump-actuara-como-hitler-y-diera-un-golpe-de-estado-segn-un-libro-periodstico>.

20 Marta Gessen, *Surviving Autocracy*, Nueva York, Riverhead Books, 2020.

21 <telam.com.ar/notas/202101/541086-eeuu-transicin-escenario-capitolio.html>.

22 Katelyn Polantz, "El Departamento de Justicia publica videos de los disturbios en el Capitolio en un importante caso de conspiración que involucra a los *Proud Boys*", *CNN en Español*, 22 de junio de 2021.

23 <telesurtv.net/bloggers/Intento-Trump-dar-un-Golpe-de-Estado-en-EE.UU.-20210121-0001.html>.

24 Karen Stenner, *The Authoritarian Dynamic*, Cambridge University Press, 2012.

25 <huffingtonpost.es/entry/trump-golpe-de-estado-consecuencias_es_61d57754e4b0c7d8b8aa0243>.

26 <nytimes.com/es/2017/01/20/espanol/opinion/la-era-oscura-de-donald-j-trump.html>.

27 <france24.com/es/20190805-efecto-trump-aumento-crimenes-odio>.

28 <theconversation.com/es-el-asalto-al-capitolio-un-golpe-de-estado-152827>.

29 Las fuerzas del orden detuvieron a unos ochocientos asaltantes. De ellos, el 10% eran supremacistas blancos; el 1% eran muy pobres; el resto procedía de las clases medias blancas.

30 <telam.com.ar/notas/202101/541086-eeuu-transicin-escenario-capitolio.html>.

31 Después del 6 de enero, fue trascendental la expulsión de Trump de Facebook y, sobre todo, de Twitter, ya que se quedó fuera de

las plataformas que le habían permitido comunicarse de manera
directa con decenas de millones de personas.

32 <washingtonpost.com/es/post-opinion/2021/01/06/capitolio-violencia-
golpe-estado-trump>.

33 <news.stanford.edu/2022/04/21/disinformation-weakening-
democracy-barack-obama-said>.

34 *Los Angeles Times*, 8 de julio de 2022.

35 <bbc.com/mundo/55597855>.

36 <france24.com/es/minuto-a-minuto/20220425-qu%C3%A9-
consecuencias-tendr%C3%ADa-sacar-de-la-bolsa-a-twitter>.

37 *Le Monde*, París, 26 de abril de 2022.

38 Véase nota 27.

39 Por su parte, Barack Obama considera que los empresarios dueños
de las redes sociales necesitan hacer una supervisión con lupa para limitar las amenazas que sus plataformas representan para la democracia. El expresidente apoya las propuestas para una mayor supervisión
regulatoria de los gigantes de las redes sociales y para reformar un
escudo legal clave para las empresas de internet: la sección 230 de la
Ley de Decencia en las Comunicaciones que protege a las compañías
tecnológicas de la responsabilidad por el contenido que publican sus
usuarios. Los partidarios de tal cambio creen que obligaría a esas empresas a hacer más para frenar el comportamiento ilegal o peligroso,
desde la venta de drogas hasta la desinformación con consecuencias
igualmente dañinas. Al contrario de lo que pretendía hacer Elon Musk
con Twitter, Obama abogó por una mayor moderación. "La regula-
ción tiene que ser parte de la respuesta", dijo. También pidió que los
algoritmos de las redes sociales sean regulados por inspectores y
reguladores del gobierno, al igual que ocurre con otras industrias.

40 Sigmund Freud, *El malestar en la cultura*, trad. Alfredo Brotons Muñoz,
Madrid, Akal, 2017.

41 Es significativo, a este respecto, que la administración Biden
haya creado, en mayo de 2022, un Consejo de Gobernanza de
la Desinformación. El secretario del Departamento de Seguridad
Nacional de los Estados Unidos, Alejandro Mayorkas, declaró que se
creaba ese consejo porque "la desinformación está afectando a la
seguridad fronteriza, a la seguridad de los estadounidenses durante
los desastres y a la confianza del público en las instituciones demo-
cráticas". Véase Kevin Reed, *World Socialist Web Site*, 4 de mayo
de 2022.

42 El "wokismo" (de *woke*, despierto, o bien informado, o actualizado) es
un movimiento, surgido en Estados Unidos hacia 2013, que reúne a
las personas que defienden lo "políticamente correcto", atentas a cualquier discriminación racial o social de desigualdad o injusticia, sobre

todo de minorías discriminadas por su raza, sexo, cultura, trabajo, profesión, nacionalidad, aspecto… El movimiento *woke* se ha radicalizado y ha desembocado en lo que se denomina *cancel culture*, cultura de la cancelación, que, entre otros objetivos, se propone reescribir la Historia.

43 Shane Goldmacher, "'Lo necesitamos': La enorme influencia de Trump en el Partido Republicano", *The New York Times*, 20 de abril de 2022.

44 Paul Krugman, "La confrontación política llega a Disney", *The New York Times*, 26 de abril de 2022.

1. La fe y lo increíble

45 <eldiario.es/tumejoryo/vacunas-intelectuales-negacionismo-fakenews-noticias-falsas_1_8753637.html>.

46 "Amor con magia negra: ¿Cómo funcionan los amarres amorosos?", <youtube.com/watch?v=I-39aDGbLJk>.

47 Joseph M. Pierre, "Mistrust and Misinformation: A Two-Component, Socio-Epistemic Model of Belief in Conspiracy Theories", *Journal of Social and Political Psychology*, Alemania, 12 de octubre de 2020.

48 Madrid, Espasa, 2021.

49 <elmundo.es/cultura/literatura/2022/01/11/61dd7cbd21efa 00e148b45b7.html>.

50 Ignacio Ramonet, "La pandemia y el sistema-mundo", *Le Monde diplomatique en español*, Valencia, mayo de 2020.

51 Entre 1980 y hoy, la proporción de la renta nacional bruta estadounidense percibida por el 1% de la población (los más ricos) se duplicó, y pasó de representar alrededor del 10% en 1980 a alrededor de 20% hoy. Mientras tanto, a la inversa, la renta del 50% de la población (más pobre) se desplomó, pasando de representar el 20% de la renta a apenas el 10%. Véase Emmanuel Saez y Gabriel Zucman, *El triunfo de la injusticia. Cómo los ricos evaden impuestos y cómo hacer que paguen*, Madrid, Taurus, 2021.

52 Véase Julien Damon, "Déclin et craintes des classes moyennes aux Etats-Unis", Fondation Jean Jaurès, París, 28 de agosto de 2020.

53 Ignacio Ramonet, "La pensée unique", *Le Monde diplomatique*, París, enero de 1995.

54 <elpais.com/economia/2021-04-18/joe-biden-quiere-enterrar-40-anos-de-hegemonia-neoliberal.html>.

55 Véase Ignacio Ramonet, *La catástrofe perfecta. Crisis del siglo y refundación del porvenir*, Barcelona, Icaria, 2009.

56 <news.un.org/es/story/2020/04/1472982>.

57 <theconversation.com/pandemic-misery-index-reveals-far-reaching-impact-of-covid-19-on-american-lives-especially-on-blacks-and-latinos-159902>.

58 <lamarea.com/2021/01/17/this-is-america-la-nacion-con-50-millones-de-pobres-que-no-tienen-donde-migrar>.

59 La fluoxetina se categoriza dentro de los inhibidores selectivos de la recaptación de serotonina (ISRS) y su principal efecto en el organismo es el de aumentar los niveles de serotonina, un neurotransmisor que, producido de forma natural, facilita el mantenimiento del equilibrio mental. A diferencia de otros antidepresivos, la fluoxetina se distingue por cambios en su estructura química (no se trata de un antidepresivo tricíclico ni tetracíclico) y por las notables diferencias en su mecanismo de acción. Su éxito, que lo llevó a ser el fármaco de referencia en el tratamiento de todas estas afecciones depresivas, radica en su alta eficacia y unos efectos secundarios bastante tolerables. Debido a su acción serotoninérgica selectiva, no provoca efectos adversos sedantes ni de tipo cardiovascular; sus consecuencias más relevantes son la sequedad bucal, la pérdida de peso o las sensaciones de ansiedad y alteración. <psicologiaymente.com/drogas/fluoxetina>.

60 Existe edición en español, *Nación Prozac*, trad. Miguel Martínez Laje, Barcelona, Ediciones B, 1995.

61 <news.un.org/es/story/2021/11/1500512>

62 Argemino Barro, "Antidepresivos para todo en el país más medicado del mundo", *El Confidencial*, Madrid, 27 de marzo de 2019.

63 James Davies, *Sedados. Cómo el capitalismo moderno creó la crisis de salud mental*, trad. Mireia Bofill, Madrid, Capitán Swing, 2022.

64 *elDiario.es*, entrevista a James Davies, Madrid, 17 de abril de 2022.

65 Moira Weigel, "Lo que no sabes sobre Amazon", *The New York Times*, 24 de abril de 2022.

66 Byung-Chul Han, "Ahora uno se explota a sí mismo y cree que está realizándose", *El País*, Madrid, 7 de febrero de 2018.

67 <cubadebate.cu/opinion/2022/01/08/fentanilo-epidemia-silenciosa-en-ee-uu>.

68 La muerte por sobredosis de opioides de dos grandes estrellas de la canción como Michael Jackson y Prince le dio visibilidad internacional a la epidemia de opiáceos en Estados Unidos.

69 AFP, París, 6 de abril de 2022.

70 <letemps.ch/economie/valium-premiere-pilule-bonheur>.

71 <elpais.com/television/2021-05-11/alex-gibney-la-epidemia-de-los-opiaceos-es-la-consecuencia-de-un-fallo-del-sistema-y-de-una-corrupcion-endemica.html>.

72 <bbc.com/mundo/noticias-57433172>.

73 <consalud.es/ecsalud/internacional/escandalosa-historia-sackler-familia-desato-adiccion-opiaceos_102988_102.html>.

74 Traducción al castellano de Luis Jesús Negro García, Barcelona, Reservoir Books, 2021.

75 <elconfidencial.com/cultura/2021-09-29/crisis-opiaceos-eeuu-keefe_3296825>.

76 Léase Jim Goad, *El manifiesto Redneck. De cómo los hillbillies, los hicks y la basura blanca se convirtieron en los chivos expiatorios de Estados Unidos*, trad. Javier Lucini, Barcelona, Dirty Works, 2017.

77 Víctor Lenore, "La venganza de la 'basura blanca'", *VozPópuli*, 2 de noviembre de 2020, <vozpopuli.com/altavoz/cultura/trump-rednecks-basurablanca_0_1404759885.html>.

78 Léase Nancy Isenberg, *White trash. Los ignorados 400 años de historia de las clases sociales estadounidenses*, trad. Tomás Fernández Aúz, Madrid, Capitán Swing, 2020.

79 Traducción al castellano de Ramón González Férriz, Bilbao, Deusto, 2018. Netflix produjo la película adaptada del libro por el realizador Ron Howard con el mismo título en español o también *Una oda americana* (2020), interpretada por Glenn Close.

80 <esglobal.org/blancos-pobres-cabreados-entendiendo-la-america-trump>.

81 Carlos Hernández-Echevarría, "Blancos, pobres y muy cabreados: entendiendo la América de Trump", *Esglobal*, 18 de agosto de 2017, <esglobal.org/blancos-pobres-cabreados-entendiendo-la-america-trump>.

82 Su título en inglés es *The Grapes of Wrath*, se publicó en 1939 y obtuvo el premio Pulitzer en 1940. John Steinbeck ganaría el Premio Nobel de Literatura en 1962. La novela fue adaptada al cine, con el mismo título, por el realizador John Ford en 1940, e interpretada por Henry Fonda.

83 Woody Guthrie, *Bound for Glory*, Boston, E. P. Dutton, 1943. En español: *Rumbo a la gloria* (traducido por Ezequiel Martínez Llorente), Barcelona, Global Rythm Press, 2009. Véase también la excelente adaptación cinematográfica realizada por Hal Asby, *Bound for Glory* (en español, *Esta tierra es mi tierra*) en 1976.

84 Léase el magnífico texto de Esther Peña, "Steinbeck y el lado de los malditos", *ethic*, abril de 2017, <ethic.es/2017/04/uvas-de-ira-y-origen-de-desigualdad/?fbclid=IwAR0-B6YLjYigy8S1c5i8 IgbuloxKAUvQyn7DTS0KUDT4DHDz5tuAzT-elfU>.

85 Jessica Bruder, *País nómada. Supervivientes del siglo XXI*, trad. Mireia Bofill Abelló, Madrid, Capitán Swing, 2020.

86 <lamarea.com/2021/04/23/por-que-nomadland-no-deberia-ganar-el-oscar/?fbclid=IwAR1lvG6Ro6SUPJxAYTHuOzSgVGaknAGV a2u7NHftVjk2C650XdUYEBY8SJ0>.

87 Véase Esther Peña, "Steinbeck y el lado de los malditos", cit.

88 <youtube.com/watch?v=Ali15xlx_zE>.

89 Véanse tres recientes ejemplos en Netflix: *A ciegas* (*Bird Box*), 2018, de Josh Malerman; *Un lugar tranquilo* (*The Silence*), 2019, de John R. Leonetti; y *De amor y monstruos* (*Love and Monsters*), 2020, de Michael Matthews.

2. El malestar identitario

90 La "gran sustitución" es una teoría complotista muy difundida en Europa en los medios racistas y xenófobos según la cual existiría un proceso, impulsado por las autoridades, de sustitución progresiva de las poblaciones europeas por inmigrantes norteafricanos, árabes y subsaharianos. En Francia, era una tesis propagada por los antisemitas ya en el siglo XIX.

91 <polsci.umass.edu/sites/default/files/Replacement_Dems.pdf>.

92 <edition.cnn.com/2022/05/15/us/payton-gendron-buffalo-shooting-suspect-what-we-know/index.html>.

93 <bbc.com/news/world-asia-53919624>.

94 *The New York Times*, 3 de agosto de 2019.

95 Los supremacistas blancos combinan a veces el número 14 con el 88 de este modo: 14/88, o también 1488. El "88", por referencia a la octava letra del alfabeto, significa: HH, o sea, *Heil Hitler*.

96 Kathleen Belew, "La defensa violenta de la blanquitud", *The New York Times*, 17 de mayo de 2022.

97 Véase <lamarea.com/2021/04/15/el-partido-republicano-despues-de-trump/?fbclid=IwAR1SD3csUMMjYC5oO8OfQvt2OXpMbyoPByUhJihq vpSxWfNGu1D7WRA4ZOo>.

98 Entre 1980 y 2020, el 1% de los ricos vio su renta aumentar en más de 200%. Pero si consideramos solo los patronos de las 200 principales empresas estadounidenses, en 1980 ganaban 42 veces más que el empleado medio; en 2020, 500 veces más.

99 Nacidos entre 1995 y 2000.

100 Marcos Reguera, *El triunfo de Trump. Claves sobre la nueva extrema derecha norteamericana*, Madrid, Postmetropolis, 2017.

101 El Tea Party es un movimiento populista surgido después de la crisis financiera de 2008 contra las medidas de la administración Obama en favor de las grandes empresas y de los bancos impactados por la crisis. Situado a la derecha del Partido Republicano, el Tea Party es hostil al aumento de los impuestos, al Estado federal, a la inmigración, a la reforma de la ley sobre la salud (*Obamacare*), a la ley sobre la energía limpia y, frontalmente, a todo lo que representa el presidente

Barack Obama. Donald Trump siempre ha elogiado este movimiento y los valores (libertarianos, antiimpuestos, antifederales y antiinmigrantes) que defiende.

102 "Derecha alternativa", en realidad una corriente radical de la extrema derecha estadounidense que milita en favor del supremacismo blanco, contra el multiculturalismo y todo el movimiento *woke*.

103 Catherine Gouëset, "Trump, Brexit, FN... Le grand 'malaise blanc'", *L'Express*, París, 7 de noviembre de 2016.

104 <elpais.com/internacional/2016/11/09/estados_unidos/1478647677_279555.html>.

105 En un cálculo de una noche realizado en Estados Unidos en enero de 2017, 553 742 personas no tenían techo, según el Departamento de Vivienda y Desarrollo Urbano de los Estados Unidos. De ellas, cerca de un tercio eran familias con niños. Más de 40 000 personas eran niños solos y jóvenes adultos, y otros 40 000 eran veteranos de guerra. El 35% del total no tenía refugio, es decir, vivía a la intemperie sin acceso a refugios de emergencia, viviendas tradicionales o un lugar seguro. Kathleen McCormick, "Dar vivienda a los sin techo", Departamento de Vivienda y Desarrollo Urbano de Estados Unidos (USDHUD), 2017. "The 2017 Annual Homeless Assessment Report (AHAR) to Congress", Washington, DC, USDHUD, Oficina de Planificación y Desarrollo Comunitarios, diciembre de 2017, <hudexchange.info/resources/documents/2017-AHAR-Part-1.pdf>.

106 <theguardian.com/us-news/2019/sep/07/donald-trump-war-on-the-media-oppo-research>.

107 Íd.

108 Corentin Sellin, "Trump et l'électorat populaire blanc", *Potomac Paper*, nº 29, IFRI, París, septiembre de 2016, <ifri.org/fr/publications/notes-de-lifri/potomac-papers/trump-lelectorat-populaire-blanc>.

109 Véase Beatriz Juez, "Los estadounidenses blancos, pobres y rurales dan la llave de la Casa Blanca a Donald Trump", *El Mundo*, Madrid, 10 de noviembre de 2016.

110 Para entender mejor lo sucedido a las clases medias blancas empobrecidas en los últimos treinta años (1990-2020), véanse James Carville y Stan Greenberg, *It's the Middle Class Stupid!*, Nueva York, Blue Rider Press, 2012; Tyler Cowen, *The Complacent Class. The Self-Defeating Quest for the American Dream*, Nueva York, St Martin's Press, 2017; Robert H. Frank, *Falling Behind. How Rising Inequality Harms the Middle Class*, Berkeley, University of California Press, 2007; Jacob S. Hacker y Paul Pierson, *Winner-Take-All Politics. How Washington Made the Rich Richer – And Turned Its Back on the Middle Class*, Nueva York, Simon & Schuster, 2010 ; Arianna Huffington, *Traición al sueño americano*, Madrid, Taurus, 2012; Joel

Kotkin, *The Coming of Neo Feudalism. A Warning to the Global Middle Class*, Nueva York, Encounter Books, 2020; Charles Murray, *Coming Apart. The State of White America, 1960-2010*, Nueva York, Crown Forum, 2012; Theda Skocpol, *The Missing Middle. Working Families and the Future of American Social Policy*, Nueva York, W. W. Norton, 2000; Peter Temin, *The Vanishing Middle Class. Prejudice and Power in a Dual Economy*, Cambridge, MIT Press, 2017.

111 <forbes.fr/politique/quatre-ans-de-presidence-trump-un-bilan-economique-en-trompe-loeil>.

112 Véase Emmanuel Saez y Gabriel Zucman, *El triunfo de la injusticia. Cómo los ricos evaden impuestos y cómo hacer que paguen*, Madrid, Taurus, 2021.

113 <lafinancepourtous.com/2020/11/04/presidentielles-americaines-quel-bilan-economique-pour-donald-trump>.

114 <rmc.bfmtv.com/emission/quel-bilan-economique-pour-donald-trump-2001774.html>.

115 <latribune.fr/economie/international/donald-trump-a-t-il-vraiment-sauve-les-emplois-dans-l-industrie-automobile-americaine-860443.html>.

116 Con sede corporativa en Luxemburgo, International Automotive Components (IAC) es un proveedor global líder de componentes y sistemas automovilísticos, entre ellos, tableros de instrumentos, sistemas de consola, paneles de puerta, tapizados interiores y sistemas de techo, destinados a los fabricantes de automóviles de todo el mundo. Se estima que las ventas de la empresa, en 2017, ascendieron a 4,4 mil millones de dólares. IAC Group opera más de 50 plantas de fabricación en 16 países. En total, la empresa tiene más de 60 sedes en 19 países, entre ellas, 19 centros comerciales, técnicos y de diseño, y emplea a más de 22 000 personas a escala mundial.

117 <valeursactuelles.com/monde/quel-bilan-economique-pour-donald-trump/>.

118 *El País*, Madrid, 6 de octubre de 2021.

119 <slate.fr/story/197387/donald-trump-soutiens-electreurs-pas-regretter-bilan-negatif-politique-economique-deficit-budgetaire>.

120 Léase Eric Levitz, "Why Americans Don't Vote Their Class Anymore", *Intelligencer*, Nueva York, 26 de abril de 2020.

3. ¿Qué es el complotismo?

121 Mar Romero, "La Operación Cóndor y la persecución de la izquierda en América Latina", *El Orden Mundial*, 11 de agosto de 2019, <elordenmundial.com/operacion-condor-izquierda-america-latina>.

122 Véase Ignacio Ramonet, *El imperio de la vigilancia*, Madrid, Clave Intelectual, 2016.

123 <eldiario.es/catalunya/pau-castell-historiador-caza-brujas-catalunya-epicentro_1_8694574.html>.

124 Véase Umberto Eco, "El complot", en *A hombros de gigantes*, Barcelona, Lumen, 2018.

125 Véase "Teoría conspirativa", Wikipedia, <es.wikipedia.org/wiki/Teor %C3%ADa_conspirativa#Teor%C3%ADas_conspirativas_populares>.

126 Rosa Massagué, "Crónicas bárbaras de un genocidio", *El Periódico*, Barcelona, 8 de abril de 2014.

127 Lucy Jones, *Desastres. Cómo las grandes catástrofes moldean nuestra historia*, Madrid, Capitán Swing, 2021.

128 <saludconlupa.com/noticias/como-funciona-la-mente-de-un-negacionista-de-la-ciencia>.

129 El término "meme" (forjado a partir de la asociación de *gen* y *mímesis*, imitación) fue propuesto por primera vez en 1976 (o sea, antes de internet) por el biólogo genetista británico Richard Dawkins en su célebre libro *El gen egoísta. Las bases biológicas de nuestra conducta*, trad. Juana Robles Suárez, José Tola Alonso, Pedro Pacheco González, Barcelona, Salvat, 1990. Dawkins plantea una aportación crítica a la teoría de la evolución: que la unidad de selección es el gen y no el individuo o la especie. Así, cada gen individual contribuye de una u otra forma a la fisonomía y comportamiento del ser que produce toda la cadena de ADN. Si esa contribución hace que tenga más posibilidades de sobrevivir, se perpetúa y asienta en el código genético. Adaptado al universo de las redes sociales, "meme" significa hoy un elemento de lenguaje reconocible y compartido por replicación y contagio de un usuario a todos sus amigos, lo que lo hace comparable a un virus pandémico.

130 En novelas, por ejemplo, como *El péndulo de Foucault* (1988) y *El cementerio de Praga* (2010).

131 Karl Popper, "En busca de una teoría racional de la tradición", en *Conjeturas y refutaciones*, trad. Néstor Miguez, Barcelona, Paidós, 1983.

132 Honoré de Balzac (1799-1850), autor en particular de *Un asunto tenebroso* (1843).

133 Honoré de Balzac, *Las ilusiones perdidas*, trad. José Ramón Monreal, Barcelona, Literatura Random House, 2006.

134 Julia Carrie Wong, "Claves de QAnon", *El Diario*, Madrid, 30 de agosto de 2020.

135 Véase Ignacio Ramonet, *Irak. Historia de un desastre*, Barcelona, Debate, 2005.

136 Véanse Ignacio Ramonet, *La tiranía de la comunicación*, Madrid, Debate, 1998, y *La explosión del periodismo. De los medios de masas a la masa de medios*, Madrid, Clave Intelectual, 2011.

137 Véase "110 bulos y desinformaciones sobre el ataque de Rusia contra Ucrania", <maldita.es/malditobulo/20220317/conflicto-militar-rusia-ucrania-bulos>.

138 Véase Ignacio Ramonet, *Irak...*, ob. cit.

139 <nato.int/docu/review/articles/2021/05/20/countering-cognitive-warfare-awareness-and-resilience/index.html>.

140 <iatranshumanisme.com/2021/10/17/guerre-cognitive-le-cerveau-sera-le-champ-de-bataille-du-21e-siecle>.

141 *La Vanguardia*, Barcelona, 11 de marzo de 2022.

142 *Europa Press*, Madrid, 28 de febrero de 2022.

143 Pierre Rimbert, "Acontecimiento total, crac editorial", *Le Monde diplomatique en español*, Valencia, abril de 2022.

144 <science.sciencemag.org/content/359/6380/1146>.

145 <rtve.es/noticias/20180309/noticias-falsas-twitter-corren-70-mas-rapido-veridicas-segun-estudio/1692780.shtml>.

4. Una historia de la verdad

146 Ignacio Ramonet, "La foudre et le ciel", *Le Monde diplomatique*, París, julio de 1992.

147 De igual modo, "la revolución agita la pesada carga del pasado burgués y crea hombres nuevos; cada ciudadano soviético, independientemente de su pasado genético, una vez que ha experimentado la mejora de la revolución, puede sentirse superior a los ciudadanos de los ambientes decadentes y burgueses". Véase Fernando Olalquiaga, "Ciencia y el estalinismo: el caso de Trofim D. Lyssenko", <jotdown.es/2015/09/ciencia-y-el-estalinismo-el-caso-de-trofim-d-lysenko>.

148 Gerald Holton, *Ciencia y anticiencia*, trad. Juan Luis Chulilla, José Manuel Lozano-Gotor, Madrid, Nivola, 2003.

149 Carl Sagan, *El mundo y sus demonios. La ciencia como una luz en la oscuridad*, trad. Dolors Udina, Barcelona, Crítica, 1997.

150 *La Vanguardia*, Barcelona, 21 de octubre de 2021.

151 <lemonde.fr/pixels/article/2018/03/22/ce-qu-il-faut-savoir-sur-cambridge-analytica-la-societe-au-c-ur-du-scandale-facebook_5274804_4408996.html>.

152 <inc.com/tess-townsend/ending-fed-trump-facebook.html>.

153 El English Oxford Dictionary consideró, en 2016, que la "palabra del año" había sido *posverdad*. En 2017, eligió *fake news*.

154 Cristina de la Cruz-Ayuso, "El descrédito de la verdad. Reflexiones a propósito de la posverdad", ponencia presentada en las Jornadas de Justicia y Solidaridad y Misión y Cooperación 2020, Madrid, 21-23 de febrero de 2020, <confer.es/545/activos/texto/8265-posverdad-para-c.pdf>.

155 Entrevista con Alisyn Camerota, *CNN*, 22 de julio de 2016, <edition.cnn.com/TRANSCRIPTS/1607/22/nday.06.html>.

156 *The Guardian*, Londres, 12 de julio de 2016.

157 *El Mundo*, Madrid, 18 de septiembre de 2016.

158 *Der Spiegel*, Hamburgo, 19 de septiembre de 2016.

159 *El País*, Madrid, 9 de marzo de 2018.

160 Véase Katharine Viner, "How technology disrupted the truth", *The Guardian*, Londres, 12 de julio de 2016.

161 <revista-uno.com/wp-content/uploads/2017/03/UNO_27.pdf>.

162 En psicología social, el efecto Dunning-Kruger fue descrito, en 1999, por los psicólogos sociales David Dunning y Justin Kruger. Se trata de un sesgo cognitivo en virtud del cual los individuos incompetentes tienden a sobreestimar su habilidad, mientras que los individuos altamente competentes tienden a subestimar su habilidad en relación con la de otros. En sus propias palabras, el sesgo resulta de una ilusión interna en personas incompetentes, y de una percepción externa errónea en personas competentes: "La mala calibración del incompetente se debe a un error sobre uno mismo. Mientras que la mala calibración del altamente competente se debe a un error sobre los demás" (Wikipedia).

163 <nytimes.com/es/2020/09/30/espanol/ciencia-y-tecnologia/teorias-conspiracion.html>.

164 Gordon Pennycook y otros, "Shifting attention to accuracy can reduce misinformation online", *Nature*, Londres, 17 de marzo de 2021.

165 Zeynep Tüfekçi, "How social media took us from Tahrir Square to Donald Trump", *MIT Technology Review*, 14 de agosto de 2018, <technologyreview.es/s/10460/de-la-primavera-arabe-donald-trump-las-rrss-en-una-decada>.

166 <elmundo.es/papel/lideres/2019/09/25/5d8a567cfc6c833b2c8b465e.html>.

167 Sigmund Freud, *Totem y tabú*, trad. Luis López Ballesteros de Torres, Madrid, Alianza, 2011.

168 Bandy X. Lee, *The Dangerous Case of Donald Trump: 27 Psychiatrists and Mental Health Experts Assess a President* (El peligroso caso de Donald Trump: 27 psiquiatras y expertos de la salud mental evalúan a un presidente), Nueva York, Thomas Dunne Books, MacMillan Publishers, 2017.

169 Brendan Nyhan, "Why the backfire effect does not explain the durability of political misperceptions", *Proceeding of the National Academy of Sciences of the United States of America (PNAS)*, 13 de abril de 2021.

170 <lavanguardia.com/internacional/20201207/49857110897/mundo-parece-gran-conspiracion.html>.

5. Del terraplanismo al *Pizzagate*

171 Véase el excelente documental de HBO *Posverdad y el costo de las fake news* (2020), de Andrew Rossi.

172 <xataka.com/medicina-y-salud/cuando-teorias-conspiracion-buscaban-origenes-al-vih-ochenta-castigo-divino-a-obra-cia>.

173 Véase "El caso Roswell", en Wikipedia.

174 <bbc.com/mundo/noticias/2015/01/150126_ciencia_eeuu_ovnis_libro_azul_ng>.

175 David Icke, *El mayor secreto. El libro que cambiará el mundo*, trad. Ainhoa Pawlowski Echegoyen, Barcelona, Obelisco, 2011.

176 <elespanol.com/social/20181107/conspiracion-reptilianos-mejor-universo-marvel/351465877_0.html>.

177 Véase José Luis Camacho, *La conspiración reptiliana y otras verdades*, Barcelona, Planeta, 2015.

178 Semejante teoría fue elaborada por el autor francés Thierry Meyssan en su libro *La gran impostura. Ningún avión se estrelló contra el Pentágono* (Madrid, La esfera de los libros, 2002), que fue *best-seller* mundial traducido a veintisiete lenguas.

179 El autor que más ha difundido esa tesis conspiranóica es Daniel Estulin en su libro *La verdadera historia del Club Bilderberg* (Barcelona, Del Bronce, 2007), también *best-seller* mundial traducido a cincuenta y un idiomas y editado en ochenta y dos países.

180 <revistavanityfair.es/poder/articulos/el-club-bilderberg/16598>.

181 *The Truman Show* (1998), de Peter Weir, y con Jim Carrey como protagonista.

182 <youtube.com/watch?v=u6acH2j2Jtw>.

183 <0221.com.ar/nota/2018-7-9-9-52-0-el-desconcertante-planteo-de-un-platense-que-desafia-a-la-nasa-la-ciencia-y-otras-teorias>.

184 <youtube.com/watch?v=-Ax_YpQsy88>.

185 <livescience.com/60972-flat-earthers-first-conference.html>.

186 Desde entonces se han celebrado varias convenciones mundiales de la Tierra plana: en Denver, 2018; en Dallas, 2020; en Barcelona (España), 2019; en San Pablo (Brasil), 2019; en Madrid (España), 2020, entre otras.

187 Pero si consideramos solo a los más jóvenes, o sea, a las personas nacidas a partir del año 2000 (los *millennials*), serían el 34%... Véase <ovacen.com/tierra-redonda>.

188 Fallecido el 24 de enero de 2022, a los 74 años, Olavo de Carvalho fue durante más de dos décadas uno de los principales difusores de noticias falsas y teorías conspirativas en Brasil <dw.com/es/olavo-de-carvalho-pionero-de-las-fake-news-en-brasil/a-60561899>.

189 <metropoles.com/brasil/olavo-de-carvalho-nao-ha-nada-que-refute-que-a-terra-e-plana>.

190 <lainformacion.com/mundo/bolsonaro-terraplanistas-11-millones-cumbre-brasil/6517455>.

191 <bbc.com/mundo/noticias-internacional-37810618>.

192 Véase una excelente descripción y análisis de este movimiento en Marcos Reguera, "Alt Right: radiografía de la extrema derecha del futuro", *CTXT. Revista Contexto*, Madrid, febrero de 2017.

193 <lasexta.com/tecnologia-tecnoxplora/internet/asi-voat-agregador-que-esta-pescando-aguas-revueltas-reddit_2015080457f7972f0cf2a2e945b3e08f.html>.

194 Véase "Jeffrey Epstein", en Wikipedia. Véase también la serie documental de Netflix *Jeffrey Epstein. Asquerosamente rico*, mayo de 2020.

195 <rollingstone.com/feature/anatomy-of-a-fake-news-scandal-125877>.

196 <nytimes.com/interactive/2016/12/10/business/media/PizzaGate.html?mtrref=www.google.com&gwh=7B84F42C224A0118E916B2345D7A3C81&gwt=regi&assetType=REGIWALL>.

197 Estas intervenciones de Wikileaks dieron lugar a las acusaciones de que el sitio web fundado por Julian Assange se había prestado a la difusión de esos correos, que habrían sido, en realidad, hackeados por Rusia para favorecer la victoria de Donald Trump. Véase, por ejemplo, "Rusia 'intervino en las elecciones para promover la victoria de Donald Trump' dicen agencias de inteligencia de EE.UU.", *BBC Mundo*, Londres, 10 de diciembre de 2016; y "La CIA cree que Rusia ayudó a Trump a ganar las elecciones. Fuentes cercanas al Kremlin filtraron a WikiLeaks los correos electrónicos pirateados del Partido Demócrata y de la campaña de Hillary Clinton", *La Vanguardia*, Barcelona, 10 de diciembre de 2016.

198 Se acusó a los hermanos Podesta de ser los autores del famoso secuestro de la niña de 4 años Madeleine McCann, la pequeña británica desaparecida en 2007 en Portugal.

199 La frase está en francés, escrita de esta manera: *J' ♥ L'Enfant*, y los conspiracionistas observan que *j'aime l'enfant* se pronuncia casi como *James Alefantis*, o sea, se trataría de toda una confesión... Véase *La Presse*, Montreal, 29 de noviembre de 2016.

200 <lavanguardia.com/cribeo/cultura/20201016/484110520450/todos-simbolos-utilizan-pedofilos-identificarse-deberiamos-conocer.html>.

201 La representación más célebre del Baphomet es la del dibujante ocultista francés Eliphas Lévi (1810-1875). Varios grupos de rock *heavy metal black*, asociados a ideologías satanistas, se declaran seguidores del Baphomet, en particular Angel Witch y Dying Fetus.

202 <pressreader.com>.

203 <elpais.com/internacional/2016/10/20/estados_unidos/1476941114_904091.html>.

204 Véase Gregor Aisch, Jon Huang y Cecilia Kang, "Dissecting the #PizzaGate Conspiracy Theories", *The New York Times*, 10 de diciembre de 2016.

205 Esta sustancia, derivada de la adrenalina, se obtiene en laboratorio (y no sacrificando a niños). Tiene como principal efecto el de acelerar el rítmo cardíaco (y no de favorecer el rejuvenecimiento). Su uso como psicótropo es muy marginal. Su reputación le viene de la novela *Las Vegas Parano*, de Hunter S. Thompson, en la que uno de los personajes, Raúl, la consume como alucinógeno que le vende un *dealer* satanista...

206 <wikileaks.org/podesta-emails/emailid/15893>.

207 Premio Princesa de Asturias de las Artes 2021, *El País*, Madrid, 12 de mayo de 2021.

208 <culturacolectiva.com/arte/spirit-cooking-con-marina-abramovic>.

209 <snopes.com/fact-check/john-podesta-spirit-cooking>.

210 Véase "Adrenocromo", en Wikipedia.

211 Para un excelente desmontaje de esta variante del *PizzaGate*, véase Jean-Gabriel Fernandez, "L'adrénochrome: drogue la plus puissante du monde, récoltée sur des humains? C'est faux", *AFP Factuel*, París, 11 de junio de 2018.

212 <gold-silver.us/forum/showthread.php?93695-PizzaGate/page172>.

213 <stylist.co.uk/people/chrissy-teigen-pizzagate-instagram-twitter-social-media-private-hillary-clinton-paedophilia-chelsea/181586>.

214 Véase Emma McClatchey, "How UI grad Liz Crokin became one of QAnon's biggest influencers", *Litte Village*, Cedar Rapids (Iowa), 4 de mayo de 2021.

215 <patheos.com/blogs/slacktivist/2018/04/12/steve-strang-is-not-a-respectable-person->.

216 Alex Jones no solo milita en contra de la inmigración ilegal. Afirma que el gobierno usa químicos para convertir a las personas en homosexuales, utilizando una misteriosa "bomba gay" ideada por el Pentágono... También dice que "fuerzas ocultas" están trabajando para controlar las mentes de la gente... Véase Selene Rivera, "¿Quién es Alex Jones?

El enemigo de los inmigrantes y teórico de esta conspiración", *Los Angeles Times*, 14 de abril de 2021.

217 <adl.org/resources/backgrounders/alex-jones-five-things-to-know>.

218 Para una corta biografía de Edgar Maddison Waelch, véase "The Pizzagate gunman is out of prison", *The Seattle Times*, 16 de febrero de 2021.

219 <lemonde.fr/big-browser/article/2016/12/06/de-la-theorie-du-complot-aux-coups-de-feu-dans-une-pizzeria-les-consequences-reelles-des-fake-news_5044047_4832693.html>.

220 <washingtonpost.com/news/local/wp/2016/12/04/d-c-police-respond-to-report-of-a-man-with-a-gun-at-comet-ping-pong-restaurant>.

221 No hubo víctimas. Detenido por la policía y juzgado, Welch fue condenado a cuatro años de cárcel, <justice.gov/usao-dc/pr/north-carolina-man-pleads-guilty-charges-armed-assault-northwest-washington-pizza>.

222 <bfmtv.com/societe/de-12-ans-a-16-ans-a-quel-age-est-fixe-le-consentement-sexuel-selon-les-pays_AN-201711270013.html>.

223 Véase Carmen Paniagua, "Mary Ellen Wilson: el origen de los derechos de la infancia", *Psicomemorias*, 20 de noviembre de 2015.

224 Mélanie-Angela Neuilly y Kristen Zgoba, "La panique pédophile aux États-Unis et en France", *Champ pénal/Penal field*, XXXIVe Congrès français de criminologie, Responsabilité/Irresponsabilité Pénale, puesto en línea el 14 de septiembre de 2005, consultado el 7 de junio de 2021, <journals.openedition.org/champpenal/340>.

225 Gabriel Matzneff, *Les Moins de 16 Ans*, París, Léo Scheer, 1974. Prueba del cambio de época, este libro fue retirado de la venta en Francia, en enero de 2020, o sea, casi medio siglo después de su publicación, cuando la justicia francesa acusó a su autor de "violación de menores de 15 años" después de que una de sus examantes, Vanessa Springora, relatara en su libro *El consentimiento* (Barcelona, Lumen, 2020) cómo el escritor la había seducido y violado cuando tenía 13 años.

226 Este vocablo que se impone a partir de entonces se usa aquí en su significado literal *"que ama a los niños"*.

227 <diariouno.com.ar/mundo/terrible-caso-adam-walsh-motivo-padre-perseguir-asesinos-estados-unidos-10112019_S1dFkf0OB>.

228 Véase Carolina Balbiani, "El escalofriante crimen de la niña secuestrada durante un pijama party y el insólito error que impidió salvarla", *Infobae*, Buenos Aires, 3 de diciembre de 2019.

229 <eldia.com/nota/2006-11-18-megan-un-caso-emblematico-que-trajo-cambios-profundos>.

230 En 2006, se realizó una película para televisión sobre este caso, *Historia de Amber*, dirigida por Keoni Waxman, y protagonizada por Elisabeth Röhm, Teryl Rothery y Sophie Hough.

231 <dallasnews.com/espanol/al-dia/dallas-fort-worth/2021/01/13/ arlington-25-anos-despues-del-secuestro-y-muerte-de-nina-amber-hagerman-investigadores-confian-en-resolver-el-caso>.

232 Anne-Claude Ambroise-Rendu, *Histoire de la pédophilie*, París, Fayard, 2014.

233 Enrique Echeburúa y Paz de Corral, "Secuelas emocionales en víctimas de abuso sexual en la infancia", *Cuadernos de Medicina Forense*, n° 43-44, Málaga, enero-abril de 2006.

234 <lemonde.fr/idees/article/2020/01/31/de-la-pedophilie-a-la-pedocriminalite-comment-les-agressions-sexuelles-sur-mineurs-sont-devenues-le-mal-absolu_6027904_3232.html>.

235 Mélanie-Angela Neuilly y Kristen Zgoba, "La panique pédophile aux États-Unis et en France", cit.

6. La conspiración QAnon

236 <time.com/4971738/donald-trump-calm-before-the-storm-military-white-house>.

237 Trump se lo dijo a los periodistas reunidos en la Casa Blanca, antes de cenar junto con su esposa, Melania Trump, y los altos representantes del Ejército estadounidense: "Quizás es la calma antes de la tormenta". "¿Qué tormenta?", le preguntaron. "Lo descubriréis", respondió, enigmático.

238 En la serie de James Bond, creada por Ian Fleming, existe un personaje ficticio llamado *Q*, que es el jefe de la sección de armas nuevas originales.

239 Existen varios libros consagrados a la conspiración QAnon, por ejemplo: James A. Beverley, *The QAnon Deception: Everything You Need to Know about the World's Most Dangerous Conspiracy Theory*, Concord, EqualTime Books, 2020.

240 La expresión es del historiador británico Richard J. Evans, especialista en conspiracionismo.

241 La Orden de los Iluminados o los Illuminati fue una sociedad secreta fundada en Baviera (Alemania) en 1776 por el profesor de derecho canónico Adam Weishaupt, quien deseaba promover la educación de la razón y oponerse a las supersticiones y a la influencia de la religión cristiana. Fue disuelta en 1785. Desde hace unos años, al amparo de la ola neoconspiracionista, se está extendiendo mucho la tesis de que los Illuminati llevarían dos siglos organizándose en la sombra,

como una masonería secreta, para tomar el control de los gobiernos e imponer un nuevo orden. Sus miembros se habrían infiltrado en las estructuras de poder, especialmente en las administraciones, las multinacionales, los bancos, las agencias de inteligencia, la educación, la cultura de masas y los medios. La humanidad estaría siendo rediseñada para servir a los designios de los Illuminati. El mundo del hip-hop en general estaría bajo su dominio. Jay-Z, Beyoncé, Kanye West, Miley Cyrus, Lady Gaga e incluso Emma Watson se dice que podrían formar parte de esta secta secreta que nos quiere controlar.

242 Agencia EFE, "La 'Plandemia', la gran teoría conspirativa que brotó en 2020", *El Comercio*, Quito, 5 de enero de 2021.

243 Véase Bouchra Ouatik, "*Plandemic*, un documentaire truffé de fausses informations", *Radio Canada*, Montreal, 8 de mayo de 2020, <ici.radio-canada.ca/nouvelle/1701064/documentaire-plandemic-judy-mikovits-fauci-covid-19-coronavirus-faux>.

244 Véase "Coronavirus: las 7 características del pensamiento conspirativo", *The Conversation*, 29 de mayo de 2020.

245 Aunque, en Canadá, Francia y otros países las autoridades han alertado sobre los riesgos de las mascarillas de grafeno, un nanomaterial relativamente novedoso que se emplea por sus supuestas propiedades antivíricas y antibacterianas, y que, según ellas, puede provocar toxicidad pulmonar. Y han decidido prohibir el uso de esos cubrebocas, <factual.afp.com/canada-advirtio-sobre-un-tipo-de-mascarillas-las-de-grafeno-por-posibles-riesgos-la-salud>.

246 AFP, París, 1° de octubre de 2021.

247 <gacetamedica.com/investigacion/vacunas-arnm-en-que-consisten-y-que-efectos-secundarios-tienen-las-dos-ya-autorizadas-en-la-ue-contra-la-covid-19>.

248 Guillermo Marín Penella y Astrid Wagner, "Qué es el negacionismo tecnológico y por qué debe preocuparnos", *The Conversation*, 3 de abril de 2022.

249 Flora Carmichael, "Vacuna del covid-19: por qué sabemos que son falsos los rumores sobre chips injertados…", *BBC Reality Check*, Londres, 21 de noviembre de 2020.

250 <iheart.com/podcast/256-qanon-anonymous-30956096/episode/episode-1-introduction-to-qanon-41550110>.

251 <today.yougov.com/topics/politics/articles-reports/2022/03/30/which-groups-americans-believe-conspiracies>.

252 Félix Palazuelos, "Pokémon GO, por qué el fenómeno de realidad aumentada está arrasando", *El País*, Madrid, 26 de julio de 2016.

253 <axios.com/qanon-video-game-cbbacb1e-969c-4f07-93cd-69e41b-c6feeb.html>.

254 <mssv.net/2020/08/02/what-args-can-teach-us-about-qanon>.

255 <nbcnews.com/tech/tech-news/qanon-groups-have-millions-members-facebook-documents-show-n1236317>.

256 <wsj.com/articles/qanon-booms-on-facebook-as-conspiracy-group-gains-mainstream-traction-11597367457>.

257 Adrienne LaFrance, "The Prophecies of Q", *The Atlantic*, Boston, junio de 2020.

258 Beatriz Navarro, "Trump abraza a la ultraderecha conspirativa de QAnon: 'Les gusto'", *La Vanguardia*, Barcelona, 21 de agosto de 2020.

259 <www.liberation.fr/planete/2020/10/16/trump-ne-sait-rien-du-mouvement-complotiste-qanon-mais-l-apprecie_1802570/>.

260 <lemonde.fr/les-decodeurs/article/2020/04/10/100-000-enfants-et-cadavres-sous-new-york-une-rumeur-sordide-sans-fondement_6036267_4355770.html>.

261 *Le Monde*, París, 10 de abril de 2020.

262 Uno de los disc-jockey más famosos del mundo. Verdadero nombre: Tim Bergling (1989-2018), de nacionalidad sueca. Autor, entre otros éxitos, de "Seek Bromance", "Levels" y "Wake me up!".

263 Célebre actor hollywoodiense (1973-2013), sobre todo conocido por su papel de Brian O'Connor en la saga *Fast and Furious*.

264 <lavanguardia.com/muyfan/20200602/481579669289/justin-bieber-pizzagate-abusos-sexuales-nino-anonymous.html>.

265 Versión en español disponible en <youtube.com/watch?v=VPJJCq5OkDY>.

266 Véase Josep Gavaldà, "Operación 'Paperclip', nazis al servicio de Estados Unidos", *Historia National Greographic*, 26 de abril de 2020.

267 Véase "Proyecto MK Ultra", en Wikipedia.

268 <egaliteetreconciliation.fr/hollywood-cia-epstein-pizzagate-decouvrez-le-documentaire-out-of-shadows-59118>.

269 <thedailybeast.com/inside-out-of-shadows-the-bonkers-hollywood-pedophilia-documentary-qanon-loves>.

270 En los primeros tres meses de 2020, unos 315 millones de personas descargaron la aplicación TikTok. En mayo de 2021, TikTok contaba con 1190 millones de usuarios activos. Es la cuarta aplicación con más usuarios del planeta, solo detrás de apps como WhatsApp, Facebook o YouTube.

271 <youtube.com/watch?v=8EJ3zbKTWQ8>.

272 <dailydot.com/debug/justin-bieber-hat-yummy-conspiracy>.

273 <instagram.com/tv/CAS-ROtnZ43/?utm_source=ig_web_copy_link>.

274 <nytimes.com/2020/06/27/technology/pizzagate-justin-bieber-qanon-tiktok.html>.

275 <dw.com/es/el-movimiento-conspirativo-qanon-se-extiende-en-europa/a-55045457>.

7. **El trasfondo del pánico moral**

276 Véanse los documentales *En el corazón de oro: el caso del equipo de gimnasia de EE.UU.* (2019), de Erin Lee Carr (HBO), y *Atleta A* (2020), de Bonni Cohen y Jon Shenk (Netflix).

277 <childmind.org/article/10-formas-de-ensenar-a-su-hijo-a-prevenir-el-abuso-sexual>.

278 Entre ellas, Simone Biles, la gran estrella de la gimnasia, cuatro veces campeona olímpica en Río de Janeiro 2016, y otras campeonas olímpicas, como McKayla Maroney, Aly Raisman o Gabby Douglas.

279 <time.com/5020885/aly-raisman-sexual-abuse-usa-gymnastics-doctor-larry-nassar>.

280 Véase Gemma Herrero, "Las supervivientes del monstruo Nassar y los testimonios que ponen los pelos de punta", *El Confidencial*, Madrid, 21 de enero de 2018.

281 <cadenaser.com/programa/2021/03/14/a_vivir_que_son_dos_dias/1615714610_361679.html>.

282 Véase Jodi Kantor y Megan Twohey, *"She said". La investigación periodística que destapó los abusos de Harvey Weinstein e impulsó el movimiento #MeToo*, trad. Lucía Barahona, Madrid, Libros del K.O., 2021.

283 <dw.com/es/she-said-el-libro-que-relata-la-historia-del-metoo/a-50599754>.

284 <bbc.com/mundo/noticias-48047536>.

285 <rfi.fr/es/am%C3%A9ricas/20201117-cerca-de-95-mil-v%C3%ADctimas-denuncian-abusos-sexuales-sufridos-en-los-boy-scouts-of-america>.

286 <eldiario.es/internacional/boy-scouts-llegan-acuerdo-850-millones-dolares-victimas-abusos-sexuales_1_8097713.html>.

287 <dw.com/es/los-mayores-esc%C3%A1ndalos-de-abusos-en-la-iglesia-cat%C3%B3lica/a-47572731>.

288 Jesús Bastante, "El 'Informe McCarrick' o cómo, durante décadas, los depredadores sexuales tuvieron la 'bendición' del Vaticano", *El Diario*, Madrid, 13 de noviembre de 2020.

289 <wfla.com/tampa-hoy/nacional/exobispo-en-eeuu-dice-que-encubrio-denuncias-de-abuso>.

290 <elpais.com/sociedad/2019/02/20/actualidad/1550617619_633724.html>.

291 Mejor película y mejor guion original.

292 <verne.elpais.com/verne/2016/02/29/articulo/1456734955_721507.html>.

293 <jotdown.es/2017/08/the-keepers-la-serie-mas-impactante-del-ano>.

294 <telerama.fr/television/the-keepers-magistrale-enquete-documentaire-a-suivre-sur-netflix,160802.php>.

295 <rpp.pe/mundo/estados-unidos/al-menos-380-pastores-bautistas-acusados-de-abusos-sexuales-en-eeuu-noticia-1180541?ref=rpp>.

296 <nytimes.com/es/2017/11/06/espanol/en-el-interior-de-nxivm-un-grupo-secreto-en-el-que-se-marca-a-las-mujeres.html>.

297 <bbc.com/mundo/noticias-america-latina-48428521>.

298 <esquire.com/entertainment/tv/a33658764/what-is-nxivm-sex-cult-celebrities-stars-the-vow-hbo-true-story>.

299 Catherine Oxenberg (con Natasha Stoynoff), *Captive. A Mother's Crusade to Save Her Daughter from the Terrifying Cult Nxivm*, Nueva York, Gallery Books, 2019.

300 <espinof.com/criticas/juramento-documental-hbo-huye-sensacionalismo-ofrece-notable-contextualizacion-secta-sexual>.

301 Véase el muy documentado artículo "Abuso sexual en la industria del cine de los Estados Unidos", en Wikipedia.

302 La serie tuvo una segunda temporada, titulada *The Reckoning* (El juicio), de cinco episodios, difundidos en 2020.

303 El R&B contemporáneo es un género musical destinado esencialmente para bailar, que mezcla elementos del rythm and blues, de hip-hop, de soul y de funk. Creado en los años 1980 en Estados Unidos por R. Kelly, se amplifica en la década de los noventa es predominante en los años dos mil. Además de R. Kelly, algunos de los principales representantes de R&B son Janet Jackson, Beyoncé, Jennifer Lopez, Christina Aguilera, Britney Spears, Justin Timberlake...

304 <elpais.com/sociedad/2019/02/22/actualidad/1550862679_307654.html>.

305 <apnews.com/article/29c432c8406f8436b1ad24390fec6541>.

306 *Los Angeles Times*, 18 de agosto de 2021.

307 <reuters.com/article/uk-factcheck-tom-hanks-ankle-monitor/fact-check-tom-hanks-is-not-wearing-an-ankle-monitor-post-stems-from-conspiracy-claims-idUSKCN24T2AZ>.

308 <reuters.com/article/uk-factcheck-oprah-ellen-degeneres-ankle/fact-check-oprah-and-ellen-degeneresare-not-wearingankle-monitors-post-tied-to-conspiracy-claims-idUSKBN23U2D0>.

309 Léase, por ejemplo, Ruth Graham, "Un 'movimiento sísmico' fractura a los evangélicos...", *The New York Times*, 15 de mayo de 2022.

310 Agence France Press (AFP), París, 11 de junio de 2019.

311 El concepto de *pánico moral* es una herramienta de análisis sociológico introducido en 1972 por el profesor británico Stanley Cohen en su libro sobre las bandas de Mods y de Rockers en el Reino Unido. El *pánico moral* se define como un sentimiento colectivo que emerge en

la sociedad cuando una persona o un grupo de personas amenaza los intereses y los valores sociales de una colectividad.

312 <cnnespanol.cnn.com/2019/08/13/quien-es-quien-entre-los-poderosos-amigos-asociados-y-presuntos-complices-de-jeffrey-epstein>.

313 <nymag.com/intelligencer/2019/07/jeffrey-epstein-high-society-contacts.html>.

314 Véase Pablo Scarpellini, "El abuso de más de 80 niñas de Epstein, el amigo de Trump y Clinton", *El Mundo*, Madrid, 26 de julio de 2019.

315 Véase Carlos Hernández-Echevarría, "Todas las sombras del caso Epstein", *El Diario*, Madrid, 20 de julio de 2020.

316 <nytimes.com/2019/10/31/nyregion/jeffrey-epstein-autopsy-homicide.html>.

317 <cbsnews.com/news/did-jeffrey-epstein-kill-himself-60-minutes-investigates-2020-01-05>.

318 Axios on HBO (<hbo.com/axios>) es un sitio web de la plataforma HBO que presenta documentales de actualidad en los que explora las colisiones entre tecnología, medios, finanzas y política.

319 <washingtonpost.com/national-security/trump-questions-whether-jeffrey-epstein-was-killed-in-federal-custody-his-attorney-general-and-the-medical-examiner-say-it-was-suicide/2020/08/04/7fcc6134-d665-11ea-aff6-220dd3a14741_story.html>.

320 <eluniversal.com/internacional/44063/huelga-en-empresa-de-eeuu-contra-venta-de-camas-para-centros-de-ninos-migrantes>.

321 <latimes.com/espanol/eeuu/la-es-wayfair-vendio-camas-para-los-campamentos-fronterizos-en-protesta-sus-empleados-organizaron-una-huel-20190626-story.html>.

322 <azcentral.com/story/entertainment/life/2020/08/17/wayfair-child-sex-trafficking-conspiracy-theory-reddit-qanon-facts-myths/3345421001/>.

323 Daniel Funke, "How the Wayfair child sex-trafficking conspiracy theory went viral", *Politifact*, Saint Petersburg (Florida), 15 julio 2020.

324 <lemonde.fr/les-decodeurs/article/2020/07/16/wayfairgate-comment-un-site-de-commerce-en-ligne-s-est-retrouve-accuse-d-organiser-un-reseau-pedocriminel_6046413_4355770.html>.

325 Yandex es el principal motor de búsqueda en internet de Rusia. Es el quinto más utilizado en el mundo. Google es el primero.

326 <fr24news.com/fr/a/2020/07/quelles-sont-les-theories-du-complot-de-wayfair-sur-la-traite-des-enfants-qui-circulent-sur-twitter-et-reddit-le-soleil.html>.

327 Según la Unicef, el 25% de las víctimas de tráfico de seres humanos son niños, pero la mayoría de ellos lo son para ser explotados laboralmente, o sea, como fuerza de trabajo. <news.un.org/en/tags/child-trafficking>.

328 <reuters.com/article/uk-factcheck-39-children-not-found-in-tr-idUSKBN26025R>.

329 Beatriz Navarro, "El bulo de QAnon: el tráiler de los horrores que nunca existió", *La Vanguardia*, Barcelona, 22 octubre 2020.

330 Utilizado antes por una respetable y centenaria ONG contra el tráfico infantil (Save the Children International) fundada en Londres en 1919.

331 <telemundo.com/noticias/noticias-telemundo/partidarios-de-la-teoria-conspirativa-qanon-emergen-en-docenas-de-ciudades-bajo-lemas-tmna3829692>.

332 <rollingstone.com/culture/culture-features/savethechildren-qanon-pizzagate-facebook-block-hashtag-1041812>.

333 Julia Carrie Wong, "Claves de QAnon, la teoría de la conspiración que lucha contra un supuesto grupo de demócratas pedófilos y satánicos", *El Diario*, Madrid, 30 agosto 2020.

334 Miriam Jordan, "QAnon se une a los vigilantes de la frontera de EE.UU.", *The New York Times*, 11 de mayo de 2022.

335 <threadreaderapp.com/thread/1257851240949649408.html>.

336 <debatenacional.club/walt-disney-y-sus-contenidos-perturbadores>.

337 <newsbreak.com/news/1614595212727/fact-check-disney-s-lilo-stitch-pizza-box-editing-was-not-a-signal-to-pedophiles>.

8. Todos hermeneutas

338 Reed Berkowitz, "Análisis de QAnon por parte de un diseñador de juegos. Jugando con la realidad", <ichi.pro/es/analisis-de-qanon-por-parte-de-un-disenador-de-juegos-96797596093413>.

339 *The Washington Post*, 28 de julio de 2016.

340 <youtube.com/watch?v=ePluPHudnAA>.

341 *Libération*, París, 7 de abril de 2021.

342 Umberto Eco, "El complot", en *A hombros de gigantes*, trad. María Pons Irazazábal, Barcelona, Lumen, 2018.

343 *La Vanguardia*, Barcelona, 11 de diciembre de 2021.

344 Taylor Lorenz, "¿Los pájaros no son reales? En las entrañas de una teoría de la conspiración de la generación Z", *The New York Times*, 9 de diciembre de 2021.

345 Alberto Hernando, "Lo último del negacionismo: los pájaros no existen, son drones", *Esquire España*, 12 de enero de 2022.

346 <conversacionsobrehistoria.info/2020/06/21/para-el-creyente-en-una-teoria-conspirativa-no-existe-prueba-que-la-invalide>.

347 Michael J. Wood, Karen M. Douglas y Robbie M. Sutton, "Dead and Alive: Beliefs in Contradictory Conspiracy Theories", *Social Psychology and Personality Science*, n° 3 , pp. 767-773, Université de Kent, 2012.

348 Véase Manuel Arias Maldonado, "Genealogía de la verdad", *El País*, Madrid, 30 de marzo de 2017.

349 Véase Michiko Kakutani, *La muerte de la verdad. Notas sobre la falsedad en la era Trump*, trad. Amalia Pérez, Madrid, Galaxia Gutenberg, 2019.

Conclusión

350 <papyrus.bib.umontreal.ca/xmlui/bitstream/handle/1866/24672/JFR_FMTL_2021.pdf?sequence=1>.

351 *BBC News Mundo*, Londres, 11 de agosto de 2018.

352 <la-croix.com/Monde/Etats-Unis-parmi-emeutiers-Capitole-lextreme-droite-force-2021-01-07-1201133660>.

353 <wsws.org/fr/articles/2021/02/01/jdbb-f01.html>.

354 <cadenahabana.icrt.cu/exclusiva/babalu-algunas-pincelada-sobre-una-cancion-margarita-lecuona-20201216/>.

355 Babalú es una *orisha* (divinidad) de origen yoruba; en la expresión *babalú ayé* significa "señor rey de la tierra".

356 <aarp.org/espanol/entretenimiento/expertos/ernesto-lechner/info-2016/fotos-exitos-del-boogaloo.html#slide12>.

357 *Breakin* (1984), de Joel Silberg.

358 *Breakin 2: Electric boogaloo* (1984), de Sam Firstenberg.

359 <isdglobal.org/wp-content/uploads/2020/04/Covid-19-Briefing-PDF.pdf>.

360 *El País*, Madrid, 23 de abril de 2021.

361 <atlantico.fr/article/decryptage/mais-qu-est-ce-que-le-boogaloo-au-quel-aspirent-nombre-d-emeutiers-americains--alt-right-etat-federal-chaos-police-emeutes-manifestations-confinement-covid-19-george-floyd-colere-jean-yves-camus>.

362 Véase Gisela Pérez de Acha, Kathryn Hurd y Elie Lightfoot, "'Sentí más odio que nada': la historia de un militar de Estados Unidos que quiso iniciar una guerra civil", *El País*, Madrid, 23 de abril de 2021.

363 Más de 700 manifestantes han sido acusados con cargos que van desde planear un ataque para impedir la confirmación oficial de la victoria electoral del presidente Joe Biden el 6 de enero de 2021 hasta agredir a la policía. Hasta ahora, 165 se han declarado culpables –cuatro de ellos se arriesgan a una condena de 20 o más años de cárcel– y 71 han sido condenados con penas que alcanzan los cinco años de prisión, según datos del Departamento de Justicia. *El País*, Madrid, 5 de enero de 2022.

364 El 21 de febrero de 2022, Donald Trump lanzó su propia red social alternativa Truth Social (Verdad social). Se puede descargar en la

App Store de Apple y se describe a sí misma como una "plataforma de redes sociales que fomenta una conversación global abierta, libre y honesta sin discriminar la ideología política". La aplicación de Trump se suma a un creciente ecosistema de plataformas y canales digitales dirigidos a los conservadores o que son populares entre ellos, como Rumble, Newsmax, MeWe, Parler, Gettr.

365 <elpais.com/internacional/2022-01-05/un-ano-despues-del-asalto-al-capitolio-700-acusados-y-mas-de-70-condenas-de-carcel.html>.

366 Véase Sophie Gilbert, "January 6 Wasn't a Riot. It Was War", *The Atlantic*, Boston, 22 de octubre de 2021.

367 Véase el excelente documental *Four Hours at the Capitol* (2021), de Jamie Roberts, difundido por la plataforma HBO.

Epílogo

368 Este epílogo es ficción en la forma, pero, en cuanto al fondo, todo su contenido está sacado, casi textualmente, del programa de acción de los grupos violentos de extrema derecha boogaloo boys, proud boys, oath keepers, three percenters y patriots.

La era del conspiracionismo
se terminó de imprimir en los talleres de imprenta Kadmos,
en Salamanca, en el mes de octubre de 2022.